ŒUVRES COMPLÈTES

DE

ALFRED DE MUSSET

ŒUVRES
DE
Alfred de Musset

POÉSIES

1833-1852

Rolla — Les Nuits — Poésies nouvelles
Contes en vers

PARIS
ALPHONSE LEMERRE, ÉDITEUR
27-31, PASSAGE CHOISEUL, 27-31

MDCCCLXXVI

POÉSIES NOUVELLES

ROLLA.

I

Regrettez-vous le temps où le ciel sur la terre
Marchait et respirait dans un peuple de dieux ;
Où Vénus Astarté, fille de l'onde amère,
Secouait, vierge encor, les larmes de sa mère,
Et fécondait le monde en tordant ses cheveux ?
Regrettez-vous le temps où les Nymphes lascives
Ondoyaient au soleil parmi les fleurs des eaux,
Et d'un éclat de rire agaçaient sur les rives
Les Faunes indolents couchés dans les roseaux ;
Où les sources tremblaient des baisers de Narcisse ;
Où du nord au midi, sur la création,
Hercule promenait l'éternelle justice,
Sous son manteau sanglant taillé dans un lion ;
Où les Sylvains moqueurs, dans l'écorce des chênes,
Avec les rameaux verts se balançaient au vent,
Et sifflaient dans l'écho la chanson du passant ;
Où tout était divin, jusqu'aux douleurs humaines ;
Où le monde adorait ce qu'il tue aujourd'hui ;
Où quatre mille dieux n'avaient pas un athée ;

Où tout était heureux excepté Prométhée,
Frère aîné de Satan, qui tomba comme lui ?
— Et quand tout fut changé, le ciel, la terre et l'homme,
Quand le berceau du monde en devint le cercueil,
Quand l'ouragan du Nord sur les débris de Rome
De sa sombre avalanche étendit le linceul, —

Regrettez-vous le temps où d'un siècle barbare
Naquit un siècle d'or, plus fertile et plus beau ;
Où le vieil univers fendit avec Lazare
De son front rajeuni la pierre du tombeau ?
Regrettez-vous le temps où nos vieilles romances
Ouvraient leurs ailes d'or vers leur monde enchanté ;
Où tous nos monuments et toutes nos croyances
Portaient le manteau blanc de leur virginité ;
Où, sous la main du Christ, tout venait de renaître ;
Où le palais du prince et la maison du prêtre,
Portant la même croix sur leur front radieux,
Sortaient de la montagne en regardant les cieux ;
Où Cologne et Strasbourg, Notre-Dame et Saint-Pierre,
S'agenouillant au loin dans leurs robes de pierre,
Sur l'orgue universel des peuples prosternés
Entonnaient l'hosanna des siècles nouveau-nés ;
Le temps où se faisait tout ce qu'a dit l'histoire ;
Où sur les saints autels les crucifix d'ivoire
Ouvraient des bras sans tache et blancs comme le lait ;
Où la Vie était jeune, — où la Mort espérait ?

O Christ ! je ne suis pas de ceux que la prière
Dans tes temples muets amène à pas tremblants ;

Je ne suis pas de ceux qui vont à ton Calvaire,
En se frappant le cœur, baiser tes pieds sanglants ;
Et je reste debout sous tes sacrés portiques,
Quand ton peuple fidèle, autour des noirs arceaux,
Se courbe en murmurant sous le vent des cantiques,
Comme au souffle du nord un peuple de roseaux.
Je ne crois pas, ô Christ ! à ta parole sainte :
Je suis venu trop tard dans un monde trop vieux.
D'un siècle sans espoir naît un siècle sans crainte ;
Les comètes du nôtre ont dépeuplé les cieux.
Maintenant le hasard promène au sein des ombres
De leurs illusions les mondes réveillés ;
L'esprit des temps passés, errant sur leurs décombres,
Jette au gouffre éternel tes anges mutilés.
Les clous du Golgotha te soutiennent à peine ;
Sous ton divin tombeau le sol s'est dérobé :
Ta gloire est morte, ô Christ ! et sur nos croix d'ébène
Ton cadavre céleste en poussière est tombé !

Eh bien ! qu'il soit permis d'en baiser la poussière
Au moins crédule enfant de ce siècle sans foi,
Et de pleurer, ô Christ ! sur cette froide terre
Qui vivait de ta mort, et qui mourra sans toi !
Oh ! maintenant, mon Dieu, qui lui rendra la vie ?
Du plus pur de ton sang tu l'avais rajeunie ;
Jésus, ce que tu fis, qui jamais le fera ?
Nous, vieillards nés d'hier, qui nous rajeunira ?

Nous sommes aussi vieux qu'au jour de ta naissance.
Nous attendons autant, nous avons plus perdu.

Plus livide et plus froid, dans son cercueil immense
Pour la seconde fois Lazare est étendu.
Où donc est le Sauveur pour entr'ouvrir nos tombes?
Où donc le vieux saint Paul haranguant les Romains,
Suspendant tout un peuple à ses haillons divins?
Où donc est le Cénacle? où donc les Catacombes?
Avec qui marche donc l'auréole de feu?
Sur quels pieds tombez-vous, parfums de Madeleine?
Où donc vibre dans l'air une voix plus qu'humaine?
Qui de nous, qui de nous va devenir un Dieu?
La Terre est aussi vieille, aussi dégénérée,
Elle branle une tête aussi désespérée
Que lorsque Jean parut sur le sable des mers,
Et que la moribonde, à sa parole sainte,
Tressaillant tout à coup comme une femme enceinte,
Sentit bondir en elle un nouvel univers.
Les jours sont revenus de Claude et de Tibère;
Tout ici, comme alors, est mort avec le temps,
Et Saturne est au bout du sang de ses enfants;
Mais l'espérance humaine est lasse d'être mère,
Et, le sein tout meurtri d'avoir tant allaité,
Elle fait son repos de sa stérilité.

II

De tous les débauchés de la ville du monde
Où le libertinage est à meilleur marché,
De la plus vieille en vice et de la plus féconde,
Je veux dire Paris, — le plus grand débauché

Était Jacques Rolla. — Jamais, dans les tavernes,
Sous les rayons tremblants des blafardes lanternes,
Plus indocile enfant ne s'était accoudé
Sur une table chaude ou sur un coup de dé.
Ce n'était pas Rolla qui gouvernait sa vie,
C'étaient ses passions ; — il les laissait aller
Comme un pâtre assoupi regarde l'eau couler.
Elles vivaient ; — son corps était l'hôtellerie
Où s'étaient attablés ces pâles voyageurs :
Tantôt pour y briser les lits et les murailles,
Pour s'y chercher dans l'ombre, et s'ouvrir les entrailles,
Comme des cerfs en rut et des gladiateurs ;
Tantôt pour y chanter, en s'enivrant ensemble,
Comme de gais oiseaux qu'un coup de vent rassemble,
Et qui, pour vingt amours, n'ont qu'un arbuste en fleurs.
Le père de Rolla, gentillâtre imbécile,
L'avait fait élever comme un riche héritier,
Sans songer que lui-même, à sa petite ville,
Il avait de son bien mangé plus de moitié.
En sorte que Rolla, par un beau soir d'automne,
Se vit à dix-neuf ans maître de sa personne, —
Et n'ayant dans la main ni talent ni métier.
Il eût trouvé d'ailleurs tout travail impossible ;
Un gagne-pain quelconque, un métier de valet,
Soulevait sur sa lèvre un rire inextinguible.
Ainsi, mordant à même au peu qu'il possédait,
Il resta grand seigneur tel que Dieu l'avait fait.

Hercule, fatigué de sa tâche éternelle,
S'assit un jour, dit-on, entre un double chemin.

Il vit la Volupté qui lui tendait la main :
Il suivit la Vertu, qui lui sembla plus belle.
Aujourd'hui rien n'est beau, ni le mal ni le bien.
Ce n'est pas notre temps qui s'arrête et qui doute ;
Les siècles, en passant, ont fait leur grande route
Entre les deux sentiers, dont il ne reste rien.

Rolla fit à vingt ans ce qu'avaient fait ses pères.
Ce qu'on voit aux abords d'une grande cité,
Ce sont des abattoirs, des murs, des cimetières ;
C'est ainsi qu'en entrant dans la société
On trouve ses égouts. — La virginité sainte
S'y cache à tous les yeux sous une triple enceinte ;
On voile la pudeur, mais la corruption
Y baise en plein soleil la prostitution.
Les hommes dans leur sein n'accueillent leur semblable
Que lorsqu'il a trempé dans le fleuve fangeux
L'acier chaste et brûlant du glaive redoutable
Qu'il a reçu du ciel pour se défendre d'eux.

Jacque était grand, loyal, intrépide et superbe.
L'habitude, qui fait de la vie un proverbe,
Lui donnait la nausée. — Heureux ou malheureux,
Il ne fit rien comme elle, et garda pour ses dieux
L'audace et la fierté, qui sont ses sœurs aînées.

Il prit trois bourses d'or, et, durant trois années,
Il vécut au soleil sans se douter des lois ;
Et jamais fils d'Adam, sous la sainte lumière,

N'a, de l'est au couchant, promené sur la terre
Un plus large mépris des peuples et des rois.

Seul il marchait tout nu dans cette mascarade
Qu'on appelle la vie, en y parlant tout haut.
Tel que la robe d'or du jeune Alcibiade,
Son orgueil indolent, du palais au ruisseau,
Traînait derrière lui comme un royal manteau.

Ce n'était pour personne un objet de mystère
Qu'il eût trois ans à vivre et qu'il mangeât son bien.
Le monde souriait en le regardant faire,
Et lui, qui le faisait, disait à l'ordinaire
Qu'il se ferait sauter quand il n'aurait plus rien.

C'était un noble cœur, naïf comme l'enfance,
Bon comme la pitié, grand comme l'espérance.
Il ne voulut jamais croire à sa pauvreté.
L'armure qu'il portait n'allait pas à sa taille ;
Elle était bonne au plus pour un jour de bataille,
Et ce jour-là fut court comme une nuit d'été.

Lorsque dans le désert la cavale sauvage,
Après trois jours de marche, attend un jour d'orage
Pour boire l'eau du ciel sur ses palmiers poudreux,
Le soleil est de plomb, les palmiers en silence
Sous leur ciel embrasé penchent leurs longs cheveux ;
Elle cherche son puits dans le désert immense,
Le soleil l'a séché ; sur le rocher brûlant,
Les lions hérissés dorment en grommelant.

Elle se sent fléchir ; ses narines qui saignent
S'enfoncent dans le sable, et le sable altéré
Vient boire avidement son sang décoloré.
Alors elle se couche, et ses grands yeux s'éteignent,
Et le pâle désert roule sur son enfant
Les flots silencieux de son linceul mouvant

Elle ne savait pas, lorsque les caravanes
Avec leurs chameliers passaient sous les platanes,
Qu'elle n'avait qu'à suivre et qu'à baisser le front,
Pour trouver à Bagdad de fraîches écuries,
Des râteliers dorés, des luzernes fleuries,
Et des puits dont le ciel n'a jamais vu le fond.

Si Dieu nous a tirés tous de la même fange,
Certe, il a dû pétrir dans une argile étrange
Et sécher aux rayons d'un soleil irrité
Cet être, quel qu'il soit, ou l'aigle, ou l'hirondelle,
Qui ne saurait plier ni son cou ni son aile,
Et qui n'a pour tout bien qu'un mot : la liberté.

III

Est-ce sur de la neige, ou sur une statue,
Que cette lampe d'or, dans l'ombre suspendue,
Fait onduler l'azur de ce rideau tremblant ?
Non, la neige est plus pâle, et le marbre est moins blanc,
C'est un enfant qui dort. — Sur ses lèvres ouvertes

N'a qu'à jeter au vent son voile parfumé !
Quinze ans ! — l'âge où la femme, au jour de sa naissance,
Sortit des mains de Dieu si blanche d'innocence,
Si riche de beauté, que son père immortel
De ses phalanges d'or en fit l'âge éternel !

Oh ! la fleur de l'Éden, pourquoi l'as-tu fanée,
Insouciante enfant, belle Ève aux blonds cheveux ?
Tout trahir et tout perdre était ta destinée ;
Tu fis ton Dieu mortel, et tu l'en aimas mieux.
Qu'on te rende le ciel, tu le perdras encore.
Tu sais trop bien qu'ailleurs c'est toi que l'homme adore ;
Avec lui de nouveau tu voudrais t'exiler,
Pour mourir sur son cœur, et pour l'en consoler !

Rolla considérait d'un œil mélancolique
La belle Marion dormant dans son grand lit ;
Je ne sais quoi d'horrible et presque diabolique
Le faisait jusqu'aux os frissonner malgré lui.
Marion coûtait cher. — Pour lui payer sa nuit,
Il avait dépensé sa dernière pistole.
Ses amis le savaient. Lui-même, en arrivant,
Il s'était pris la main et donné sa parole
Que personne, au grand jour, ne le verrait vivant.
Trois ans, — les trois plus beaux de la belle jeunesse, —
Trois ans de volupté, de délire et d'ivresse,
Allaient s'évanouir comme un songe léger,
Comme le chant lointain d'un oiseau passager.
Et cette triste nuit, — nuit de mort, — la dernière, —
Celle où l'agonisant fait encor sa prière

Quand sa lèvre est muette, — où, pour le condamné,
Tout est si près de Dieu que tout est pardonné, —
Il venait la passer chez une fille infâme,
Lui, chrétien, homme, fils d'un homme! Et cette femme,
Cet être misérable, un brin d'herbe, un enfant,
Sur son cercueil ouvert dormait en l'attendant.

O chaos éternel! prostituer l'enfance!
Ne valait-il pas mieux, sur ce lit sans défense,
Balafrer ce beau corps au tranchant d'une faux,
Prendre ce cou de neige et lui tordre les os?
Ne valait-il pas mieux lui poser sur la face
Un masque de chaux vive avec un gant de fer,
Que d'en faire un ruisseau limpide à la surface,
Réfléchissant les fleurs et l'étoile qui passe,
Et d'en salir le fond des poisons de l'enfer?

Oh! qu'elle est belle encor! quel trésor, ô nature!
Oh! quel premier baiser l'Amour se préparait!
Quels doux fruits eût portés, quand sa fleur sera mûre,
Cette beauté céleste, et quelle flamme pure
Sur cette chaste lampe un jour s'éveillerait!

Pauvreté! Pauvreté! c'est toi la courtisane.
C'est toi qui dans ce lit as poussé cet enfant
Que la Grèce eût jeté sur l'autel de Diane!
Regarde, — elle a prié ce soir en s'endormant..
Prié! — qui donc, grand Dieu! C'est toi qu'en cette vie
Il faut qu'à deux genoux elle conjure et prie;
C'est toi qui, chuchotant dans le souffle du vent,

Au milieu des sanglots d'une insomnie amère,
Es venue un beau soir murmurer à sa mère :
« Ta fille est belle et vierge, et tout cela se vend ! »
Pour aller au sabbat, c'est toi qui l'as lavée,
Comme on lave les morts pour les mettre au tombeau ;
C'est toi qui, cette nuit, quand elle est arrivée,
Aux lueurs des éclairs, courais sous son manteau !

Hélas ! qui peut savoir pour quelle destinée,
En lui donnant du pain, peut-être elle était née ?
D'un être sans pudeur ce n'est pas là le front.
Rien d'impur ne germait sous cette fraîche aurore.
Pauvre fille ! à quinze ans ses sens dormaient encore,
Son nom était Marie, et non pas Marion.
Ce qui l'a dégradée, hélas ! c'est la misère,
Et non l'amour et l'or. — Telle que la voilà
Sous les rideaux honteux de ce hideux repaire,
Dans cet infâme lit, elle donne à sa mère,
En rentrant au logis, ce qu'elle a gagné là.

Vous ne la plaignez pas, vous, femmes de ce monde !
Vous qui vivez gaîment dans une horreur profonde
De tout ce qui n'est pas riche et gai comme vous !
Vous ne la plaignez pas, vous, mères de familles,
Qui poussez les verrous aux portes de vos filles,
Et cachez un amant sous le lit de l'époux !
Vos amours sont dorés, vivants et poétiques ;
Vous en parlez, du moins, — vous n'êtes pas publiques.
Vous n'avez jamais vu le spectre de la Faim
Soulever en chantant les draps de votre couche,

Et, de sa lèvre blême effleurant votre bouche,
Demander un baiser pour un morceau de pain.

O mon siècle! est-il vrai que ce qu'on te voit faire
Se soit vu de tout temps? O fleuve impétueux!
Tu portes à la mer des cadavres hideux;
Ils flottent en silence, — et cette vieille terre,
Qui voit l'humanité vivre et mourir ainsi,
Autour de son soleil tournant dans son orbite,
Vers son père immortel n'en monte pas plus vite,
Pour tâcher de l'atteindre et de s'en plaindre à lui.

Eh bien, lève-toi donc, puisqu'il en est ainsi,
Lève-toi, les seins nus, belle prostituée.
Le vin coule et pétille, et la brise du soir
Berce tes rideaux blancs dans ton joyeux miroir.
C'est une belle nuit, — c'est moi qui l'ai payée.
Le Christ à son souper sentit moins de terreur
Que je ne sens au mien de gaîté dans le cœur.
Allons! vive l'amour que l'ivresse accompagne!
Que tes baisers brûlants sentent le vin d'Espagne!
Que l'esprit du vertige et des bruyants repas
A l'ange du plaisir nous porte dans ses bras!
Allons! chantons Bacchus, l'amour et la folie!
Buvons au temps qui passe, à la mort, à la vie!
Oublions et buvons; — vive la liberté!
Chantons l'or et la nuit, la vigne et la beauté!

IV

Dors-tu content, Voltaire, et ton hideux sourire
Voltige-t-il encor sur tes os décharnés ?
Ton siècle était, dit-on, trop jeune pour te lire ;
Le nôtre doit te plaire, et tes hommes sont nés.
Il est tombé sur nous, cet édifice immense
Que de tes larges mains tu sapais nuit et jour.
La Mort devait t'attendre avec impatience,
Pendant quatre-vingts ans que tu lui fis ta cour ;
Vous devez vous aimer d'un infernal amour.
Ne quittes-tu jamais la couche nuptiale
Où vous vous embrassez dans les vers du tombeau,
Pour t'en aller tout seul promener ton front pâle
Dans un cloître désert ou dans un vieux château ?
Que te disent alors tous ces grands corps sans vie,
Ces murs silencieux, ces autels désolés,
Que pour l'éternité ton souffle a dépeuplés ?
Que te disent les croix ? que te dit le Messie ?
Oh ! saigne-t-il encor, quand, pour le déclouer,
Sur son arbre tremblant, comme une fleur flétrie,
Ton spectre dans la nuit revient le secouer ?
Crois-tu ta mission dignement accomplie,
Et comme l'Éternel, à la création,
Trouves-tu que c'est bien, et que ton œuvre est bon ?
Au festin de mon hôte alors je te convie.
Tu n'as qu'à te lever ; — quelqu'un soupe ce soir
Chez qui le Commandeur peut frapper et s'asseoir

Entends-tu soupirer ces enfants qui s'embrassent?
On dirait, dans l'étreinte où leurs bras nus s'enlacent,
Par une double vie un seul corps animé.
Des sanglots inouïs, des plaintes oppressées,
Ouvrent en frissonnant leurs lèvres insensées.
En les baisant au front le Plaisir s'est pâmé.
Ils sont jeunes et beaux, et, rien qu'à les entendre,
Comme un pavillon d'or le ciel devrait descendre.
Regarde! — Ils n'aiment pas, ils n'ont jamais aimé.

Où les ont-ils appris, ces mots si pleins de charmes,
Que la volupté seule, au milieu de ses larmes,
A le droit de répandre et de balbutier?
O femme! étrange objet de joie et de supplice!
Mystérieux autel où, dans le sacrifice,
On entend tour à tour blasphémer et prier!
Dis-moi, dans quel écho, dans quel air vivent-elles,
Ces paroles sans nom, et pourtant éternelles,
Qui ne sont qu'un délire, et depuis cinq mille ans
Se suspendent encore aux lèvres des amants?

O profanation! point d'amour, et deux anges!
Deux cœurs purs comme l'or, que les saintes phalanges
Porteraient à leur père en voyant leur beauté!
Point d'amour! et des pleurs! et la nuit qui murmure,
Et le vent qui frémit, et toute la nature
Qui pâlit de plaisir, qui boit la volupté!
Et des parfums fumants, et des flacons à terre,
Et des baisers sans nombre, et peut-être, ô misère!

Un malheureux de plus qui maudira le jour...
Point d'amour ! et partout le spectre de l'amour !

Cloîtres silencieux, voûtes des monastères,
C'est vous, sombres caveaux, vous qui savez aimer !
Ce sont vos froides nefs, vos pavés et vos pierres,
Que jamais lèvre en feu n'a baisés sans pâmer.
Oh ! venez donc rouvrir vos profondes entrailles
A ces deux enfants-là qui cherchent le plaisir
Sur un lit qui n'est bon qu'à dormir ou mourir ;
Frappez-leur donc le cœur sur vos saintes murailles ;
Que la haire sanglante y fasse entrer ses clous
Trempez-leur donc le front dans les eaux baptismales
Dites-leur donc un peu ce qu'avec leurs genoux
Il leur faudrait user de pierres sépulcrales
Avant de soupçonner qu'on aime comme vous !

Oui, c'est un vaste amour qu'au fond de vos calices
Vous buviez à pleins cœurs, moines mystérieux !
La tête du Sauveur errait sur vos cilices
Lorsque le doux sommeil avait fermé vos yeux ;
Et, quand l'orgue chantait aux rayons de l aurore,
Dans vos vitraux dorés vous la cherchiez encore.
Vous aimiez ardemment ! oh ! vous étiez heureux !

Vois-tu, vieil Arouet ? cet homme plein de vie,
Qui de baisers ardents couvre ce sein si beau,
Sera couché demain dans un étroit tombeau.
Jetterais-tu sur lui quelques regards d'envie ?
Sois tranquille, il t'a lu. Rien ne peut lui donner

Ni consolation ni lueur d'espérance.
Si l'incrédulité devient une science,
On parlera de Jacque, et, sans la profaner,
Dans ta tombe, ce soir tu pourrai l'emmener.

Penses-tu cependant que si quelque croyance,
Si le plus léger fil le retenait encor,
Il viendrait sur ce lit prostituer sa mort?
Sa mort! — Ah! laisse-lui la plus faible pensée
Qu'elle n'est qu'un passage à quelque lieu d'horreur,
Au plus affreux, qu'importe? il n'en aura pas peur;
Il la relèvera, la jeune fiancée,
Il la regardera, dans l'espace élancée,
Porter au Dieu vivant la clef d'or de son cœur!

Voilà pourtant ton œuvre, Arouet, voilà l'homme
Tel que tu l'as voulu. — C'est dans ce siècle-ci,
C'est d'hier seulement qu'on peut mourir ainsi.
Quand Brutus s'écria sur les débris de Rome :
« Vertu, tu n'es qu'un nom » il ne blasphéma pas.
Il avait tout perdu, sa gloire et sa patrie,
Son beau rêve adoré, sa liberté chérie,
Sa Portia, son Cassius, son sang et ses soldats;
Il ne voulait plus croire aux chose de la terre.
Mais, quand il se vit seul, assis sur une pierre,
En songeant à la mort, il regarda les cieux.
Il n'avait rien perdu dans cet espace immense;
Son cœur y respirait un air plein d'espérance;
Il lui restait encor son épée et ses dieux.

Et que nous reste-t-il, à nous, les déicides ?
Pour qui travailliez-vous, démolisseurs stupides,
Lorsque vous disséquiez le Christ sur son autel ?
Que vouliez-vous semer sur sa céleste tombe,
Quand vous jetiez au vent la sanglante colombe
Qui tombe en tournoyant dans l'abîme éternel ?
Vous vouliez pétrir l'homme à votre fantaisie ;
Vous vouliez faire un monde.—Eh bien, vous l'avez fait ;
Votre monde est superbe, et votre homme est parfait !
Les monts sont nivelés, la plaine est éclaircie ;
Vous avez sagement taillé l'arbre de vie ;
Tout est bien balayé sur vos chemins de fer ;
Tout est grand, tout est beau, mais on meurt dans votre air.
Vous y faites vibrer de sublimes paroles ;
Elles flottent au loin dans les vents empestés.
Elles ont ébranlé de terribles idoles ;
Mais les oiseaux du ciel en sont épouvantés.
L'hypocrisie est morte, on ne croit plus aux prêtres ;
Mais la vertu se meurt, on ne croit plus à Dieu.
Le noble n'est plus fier du sang de ses ancêtres ;
Mais il le prostitue au fond d'un mauvais lieu.
On ne mutile plus la pensée et la scène,
On a mis au plein vent l'intelligence humaine ;
Mais le peuple voudra des combats de taureau.
Quand on est pauvre et fier, quand on est riche et triste,
On n'est plus assez fou pour se faire trappiste ;
Mais on fait comme Escousse, on allume un réchaud

V

Quand Rolla sur les toits vit le soleil paraître,
Il alla s'appuyer au bord de la fenêtre.
De pesants chariots commençaient à rouler.
Il courba son front pâle, et resta sans parler.
En longs ruisseaux de sang se déchiraient les nues.
Tel, quand Jésus cria, des mains du ciel venues
Fendirent en lambeaux le voile aux plis sanglants.

Un groupe délaissé de chanteurs ambulants
Murmurait sur la place une ancienne romance.
Ah! comme les vieux airs qu'on chantait à douze ans
Frappent droit dans le cœur aux heures de souffrance!
Comme ils dévorent tout! comme on se sent loin d'eux!
Comme on baisse la tête en les trouvant si vieux!
Sont-ce là tes soupirs, noir esprit des ruines?
Ange des souvenirs, sont-ce là tes sanglots?
Ah! comme ils voltigeaient, frais et légers oiseaux,
Sur le palais doré des amours enfantines!
Comme ils savent rouvrir les fleurs des temps passés,
Et nous ensevelir, eux qui nous ont bercés!

Rolla se détourna pour regarder Marie.
Elle se trouvait lasse, et s'était endormie.
Ainsi tous deux fuyaient les cruautés du sort,
L'enfant dans le sommeil, et l'homme dans la mort!

Quand le soleil se lève aux beaux jours de l'automne,
Les neiges sous ses pas paraissent s'embraser.

Les épaules d'argent de la nuit qui frissonne
Se couvrent de rougeur sous son premier baiser.
Tel frissonne le corps d'une chaste pucelle,
Quand dans les soirs d'été le sang lui porte au cœur.
Tel le moindre désir qui l'effleure de l'aile
Met un voile de pourpre à la sainte pudeur.
Roi du monde, ô soleil! la terre est ta maîtresse;
Ta sœur dans ses bras nus l'endort à ton côté;
Tu n'as voulu pour toi l'éternelle jeunesse
Qu'afin de lui verser l'éternelle beauté !

Vous qui volez là-bas, légères hirondelles,
Dites-moi, dites-moi, pourquoi vais-je mourir?
Oh! l'affreux suicide! oh! si j'avais des ailes,
Par ce beau ciel si pur je voudrais les ouvrir !
Dites-moi, terre et cieux, qu'est-ce donc que l'aurore?
Qu'importe un jour de plus à ce vieil univers?
Dites-moi, verts gazons, dites-moi, sombres mers,
Quand des feux du matin l'horizon se colore,
Si vous n'éprouvez rien, qu'avez-vous donc en vous
Qui fait bondir le cœur et fléchir les genoux?
O terre! à ton soleil qui donc t'a fiancée?
Que chantent tes oiseaux? que pleure ta rosée?
Pourquoi de tes amours viens-tu m'entretenir?
Que me voulez-vous tous, à moi qui vais mourir?

Et pourquoi donc *aimer*? Pourquoi ce mot terrible
Revenait-il sans cesse à l'esprit de Rolla?
Quels étranges accords, quelle voix invisible
Venaient le murmurer, quand la mort était là?

A lui, qui, débauché jusques à la folie
Et dans les cabarets vivant au jour le jour,
Aussi facilement qu'il méprisait la vie
Faisait gloire et métier de mépriser l'amour !
A lui, qui regardait ce mot comme une injure,
Et, comme un vieux soldat vous montre une blessure,
Montrait avec orgueil le rocher de son cœur,
Où n'avait pas germé la plus chétive fleur !
A lui, qui n'avait eu ni logis ni maîtresse,
Qui vivait en plein air, en défiant son sort,
Et qui laissait le vent secouer sa jeunesse,
Comme une feuille sèche au pied d'un arbre mort !

Et maintenant que l'homme avait vidé son verre,
Qu'il venait dans un bouge, à son heure dernière,
Chercher un lit de mort où l'on pût blasphémer ;
Quand tout était fini, quand la nuit éternelle
Attendait de ses jours la dernière étincelle,
Qui donc au moribond osait parler d'aimer ?

Lorsque le jeune aiglon, voyant partir sa mère,
En la suivant des yeux s'avance au bord du nid,
Qui donc lui dit alors qu'il peut quitter la terre,
Et sauter dans le ciel déployé devant lui ?
Qui donc lui parle bas, l'encourage et l'appelle ?
Il n'a jamais ouvert sa serre ni son aile ;
Il sait qu'il est aiglon ; — le vent passe, il le suit.
Il naît sous le soleil des âmes dégradées,
Comme il naît des chacals, des chiens et des serpents,
Qui meurent dans la fange où leurs mères sont nées,

Le ventre tout gonflé de leurs œufs malfaisants.
La nature a besoin de leurs sales lignées,
Pour engraisser la terre autour de ses tombeaux,
Chercher ses diamants, et nourrir ses corbeaux.
Mais, quand elle pétrit ses nobles créatures,
Elle qui voit là-haut comme on vit ici-bas,
Elle sait des secrets qui les font assez pures
Pour que le monde entier ne les lui souille pas.
Le moule en est d'airain, si l'espèce en est rare.
Elle peut les plonger dans ses plus noirs marais;
Elle sait ce que vaut son marbre de Carrare;
Et que les eaux du ciel ne l'entament jamais.

Il peut s'assimiler au débauché vulgaire,
Celui que le ciseau de la commune mère
A taillé dans les flancs de ses plus purs granits;
Il peut pendant trois ans étouffer sa pensée.
Dans la nuit de son cœur la vipère glacée
Déroule tôt ou tard ses anneaux infinis.

Nègres de Saint-Domingue, après combien d'années
De farouche silence et de stupidité,
Vos peuplades sans nombre, au soleil enchaînées,
Se sont-elles de terre enfin déracinées
Au souffle de la haine et de la liberté?
C'est ainsi qu'aujourd'hui s'éveillent tes pensées,
O Rolla! c'est ainsi que bondissent tes fers,
Et que devant tes yeux des torches insensées
Courent à l'infini, traversant les déserts.
Écrase maintenant les débris de ta vie;

Écorche tes pieds nus sur tes flacons brisés ;
Et dans le dernier toast de ta dernière orgie,
Étouffe le néant dans tes bras épuisés.
Le néant ! le néant ! vois-tu son ombre immense
Qui ronge le soleil sur son axe enflammé ?
L'ombre gagne ! il s'éteint, — l'éternité commence.
Tu n'aimeras jamais, toi qui n'as point aimé.

Rolla, pâle et tremblant, referma la croisée.
Il brisa sur sa tige un pauvre dahlia.
« J'aime, lui dit la fleur, et je meurs embrasée
Des baisers du zéphyr, qui me relèvera.
J'ai jeté loin de moi, quand je me suis parée,
Les éléments impurs qui souillaient ma fraîcheur.
Il m'a baisée au front dans ma robe dorée ;
Tu peux m'épanouir, et me briser le cœur. »

J'aime ! — voilà le mot que la nature entière
Crie au vent qui l'emporte, à l'oiseau qui le suit !
Sombre et dernier soupir que poussera la terre
Quand elle tombera dans l'éternelle nuit !
Oh ! vous le murmurez dans vos sphères sacrées,
Étoiles du matin, ce mot triste et charmant !
La plus faible de vous, quand Dieu vous a créées,
A voulu traverser les plaines éthérées,
Pour chercher le soleil, son immortel amant.
Elle s'est élancée au sein des nuits profondes.
Mais une autre l'aimait elle-même ; — et les mondes
Se sont mis en voyage autour du firmament.

Jacque était immobile, et regardait Marie.
Je ne sais ce qu'avait cette femme endormie
D'étrange dans ses traits, de grand, de *déjà vu*.
Il se sentait frémir d'un frisson inconnu.
N'était-ce pas sa sœur, cette prostituée ?
Les murs de cette chambre obscure et délabrée
N'étaient-ils pas aussi faits pour l'ensevelir ?
Ne la sentait-il pas souffrir de sa torture,
Et saigner des douleurs dont il allait mourir ?

« Oui, dans cette chétive et douce créature,
La Résignation marche à pas languissants.
Sa souffrance est ma sœur ; — oui, voilà la statue
Que je devais trouver sur ma tombe étendue,
Dormant d'un doux sommeil tandis que j'y descends.
Oh ! ne t'éveille pas ! ta vie est à la terre,
Mais ton sommeil est pur, — ton sommeil est à Dieu !
Laisse-moi le baiser sur ta longue paupière ;
C'est à lui, pauvre enfant, que je veux dire adieu ;
Lui qui n'a pas vendu sa robe d'innocence ;
Lui que je puis aimer, et n'ai point acheté ;
Lui qui se croit encore aux jours de ton enfance ;
Lui qui rêve ! — et qui n'a de toi que ta beauté.

« O mon Dieu ! n'est-ce pas une forme angélique
Qui flotte mollement sous ce rideau léger ?
S'il est vrai que l'amour, ce cygne passager,
N'ait besoin, pour dorer son chant mélancolique,
Que des contours divins de la réalité
Et de ce qui voltige autour de la beauté ;

S'il est vrai qu'ici-bas on le trompe sans cesse,
Et que lui qui le sait, de peur de se guérir,
Doive éternellement ne prendre à sa maîtresse
Que les illusions qu'il lui faut pour souffrir ;
Qu'ai-je à chercher ailleurs ? la jeunesse et la vie
Ne sont-elles pas là dans toute leur fraîcheur ?
Amour ! tu peux venir. Que t'importe Marie ?
Pendant que sur sa tige elle est épanouie,
Si tu n'es qu'un parfum, sors de ta triste fleur ! »

Lentement, doucement, à côté de Marie,
Les yeux sur ses yeux bleus, leur fraîche haleine unie,
Rolla s'était couché : son regard assoupi
Flottait, puis remontait, puis mourait malgré lui.
Marie en soupirant entr'ouvrit sa paupière.
« Je faisais, lui dit-elle, un rêve singulier :
J'étais là, dans ce lit, je croyais m'éveiller ;
La chambre me semblait comme un grand cimetière
Tout plein de tertres verts et de vieux ossements.
Trois hommes dans la neige apportaient une bière ;
Ils la posèrent là pour faire leur prière ;
Puis la bière s'ouvrit et je vous vis dedans.
Un gros flot de sang noir vous coulait sur la face.
Vous vous êtes levé pour venir à mon lit ;
Vous m'avez pris la main, et puis vous avez dit :
« Qu'est-ce que tu fais là ? pourquoi prends-tu ma place ? »
Alors j'ai regardé, j'étais sur un tombeau.

« — Vraiment ? répondit Jacque ; eh bien, ma chère amie,
Ton rêve est assez vrai, du moins, s'il n'est pas beau.

Tu n'auras pas besoin demain d'être endormie
Pour en voir un pareil : je me tuerai ce soir. »

Marie en souriant regarda son miroir.
Mais elle y vit Rolla si pâle derrière elle,
Qu'elle en resta muette et plus pâle que lui.
« Ah! dit-elle en tremblant, qu'avez-vous aujourd'hui?
— Ce que j'ai? dit Rolla, tu ne sais pas, ma belle,
Que je suis ruiné depuis hier au soir?
C'est pour te dire adieu que je venais te voir;
Tout le monde le sait, il faut que je me tue.
— Vous avez donc joué? — Non, je suis ruiné.
— Ruiné? » dit Marie. Et, comme une statue,
Elle fixait à terre un grand œil étonné.
« Ruiné? ruiné? vous n'avez pas de mère?
Pas d'amis? de parents? personne sur la terre?
Vous voulez vous tuer? pourquoi vous tuez-vous? »

Elle se retourna sur le bord de sa couche.
Jamais son doux regard n'avait été si doux.
Deux ou trois questions flottèrent sur sa bouche;
Mais, n'osant pas les faire, elle s'en vint poser
Sa tête sur la sienne et lui prit un baiser.
« Je voudrais pourtant bien te faire une demande,
Murmura-t-elle enfin : moi, je n'ai pas d'argent,
Et, sitôt que j'en ai, ma mère me le prend.
Mais j'ai mon collier d'or, veux-tu que je le vende?
Tu prendras ce qu'il vaut, et tu l'iras jouer. »

Rolla lui répondit par un léger sourire.
Il prit un flacon noir qu'il vida sans rien dire;

Puis, se penchant sur elle, il baisa son collier.
Quand elle souleva sa tête appesantie,
Ce n'était déjà plus qu'un être inanimé.
Dans ce chaste baiser son âme était partie,
Et, pendant un moment, tous deux avaient aimé.

    Août 1833.

CHANSON.

A Saint-Blaise, à la Zuecca,
Vous étiez, vous étiez bien aise
A Saint-Blaise.
A Saint-Blaise, à la Zuecca,
Nous étions bien là.

Mais de vous en souvenir
Prendrez-vous la peine ?
Mais de vous en souvenir
Et d'y revenir,

A Saint-Blaise, à la Zuecca,
Dans les prés fleuris cueillir la verveine,
A Saint-Blaise, à la Zuecca,
Vivre et mourir là !

Venise, 3 février 1834.

UNE BONNE FORTUNE.

I

C'est un fait reconnu, qu'une bonne fortune
Est un sujet divin pour un in-octavo.
Ainsi donc, bravement, je vais en conter une :
Le scandale est de mode ; il se relie en veau.
C'est un goût naturel, qui va jusqu'à la lune ;
Depuis Endymion, on sait ce qu'elle vaut.

II

Ce qu'on fait maintenant, on le dit ; et la cause
En est bien excusable : on fait si peu de chose !
Mais, si peu qu'il ait fait, chacun trouve à son gré
De le voir par écrit dûment enregistré ;
Chacun sait aujourd'hui quand il fait de la prose,
Le siècle est, à vrai dire, un mandarin lettré.

III

Il faut en convenir, l'antique Modestie
Faisait bâiller son monde, et nous n'y tenions plus.
Grâce à Dieu, pour New-York elle est enfin partie ;
C'était un vieux rameau de l'arbre de la vie :
Et tant de pauvres gens, d'ailleurs, s'y sont pendus,
Qu'il n'est pas étonnant qu'elle ait les bras rompus.

IV

Le scandale, au contraire, a cela d'admirable,
Qu'étant vieux comme Hérode, il est toujours nouveau ;
Que voilà cinq mille ans qu'on le trouve adorable,
Toujours frais, toujours gai, vrai Tithon de la Fable
Que l'Aurore, au lever, rend plus jeune et plus beau,
Et que Vénus, le soir, endort dans un berceau.

V

Apprenez donc, lecteur, que je viens d'Allemagne.
Vous savez, en été, comme on s'ennuie ici ;
En outre, pour mon compte, ayant quelque souci,
Je m'en fus prendre à Bade un semblant de campagne
(Bade est un parc anglais fait sur une montagne,
Ayant quelque rapport avec Montmorency.)

VI

Vers le mois de juillet, quiconque a de l'usage
Et porte du respect au boulevard de Gand,
Sait que le vrai bon ton ordonne absolument
A tout être créé possédant équipage
De se précipiter sur ce petit village,
Et de s'y bousculer impitoyablement.

VII

Les dames de Paris savent par la gazette
Que l'air de Bade est noble, et parfaitement sain.
Comme on va chez Herbault faire un peu de toilette,
On fait de la santé là-bas ; c'est une emplette :
Des roses au visage, et de la neige au sein ;
Ce qui n'est défendu par aucun médecin.

VIII

Bien entendu, d'ailleurs, que le but du voyage
Est de prendre les eaux ; c'est un compte réglé.
D'eaux, je n'en ai point vu lorsque j'y suis allé ;
Mais qu'on en puisse voir, je n'en mets rien en gage ;
Je crois même, en honneur, que l'eau du voisinage
A, quand on l'examine, un petit goût salé.

IX

Or, comme on a dansé tout l'hiver, on est lasse ;
On accourt donc à Bade avec l'intention
De n'y pas soupçonner l'ombre d'un violon.
Mais dès qu'il y fait nuit, que voulez-vous qu'on fasse ?
Personne au Vieux Château, personne à la Terrasse ;
On entre à la maison de Conversation.

X

Cette maison se trouve être un gros bloc fossile,
Bâti de vive force à grands coups de moellon ;
C'est comme un temple grec, tout recouvert en tuile,
Une espèce de grange avec un péristyle,
Je ne sais quoi d'informe et n'ayant pas de nom ;
Comme un grenier à foin, bâtard du Parthénon.

XI

J'ignore vers quel temps Belzébuth l'a construite.
Peut-être est-ce un mammouth du règne minéral.
Je la prendrais plutôt pour quelque aérolithe,
Tombée un jour de pluie, au temps du carnaval.
Quoi qu'il en soit du moins, les flancs de l'animal
Sont construits tout à point pour l'âme qui l'habite.

XII

Cette âme, c'est le jeu ; mettez bas le chapeau,
Vous qui venez ici, mettez bas l'espérance.
Derrière ces piliers, dans cette salle immense,
S'étale un tapis vert, sur lequel se balance
Un grand lustre blafard au bout d'un oripeau
Que dispute à la nuit une pourpre en lambeau.

XIII

Là, du soir au matin, roule le grand *peut-être*,
Le hasard, noir flambeau de ces siècles d'ennui,
Le seul qui dans le ciel flotte encore aujourd'hui.
Un bal est à deux pas ; à travers la fenêtre,
On le voit çà et là bondir et disparaître,
Comme un chevreau lascif qu'une abeille poursuit.

XIV

Les croupiers nasillards chevrotent en cadence,
Au son des instruments, leurs mots mystérieux ;
Tout est joie et chansons ; la roulette commence :
Ils lui donnent le branle, ils la mettent en danse,
Et, ratissant gaîment l'or qui scintille aux yeux,
Ils jardinent ainsi sur un rhythme joyeux.

XV

L'abreuvoir est public, et qui veut vient y boire.
J'ai vu les paysans, fils de la Forêt-Noire,
Leurs bâtons à la main, entrer dans ce réduit ;
Je les ai vus penchés sur la bille d'ivoire,
Ayant à travers champs couru toute la nuit,
Fuyards désespérés de quelque honnête lit ;

XVI

Je les ai vus debout, sous la lampe enfumée,
Avec leur veste rouge et leurs souliers boueux,
Tournant leurs grands chapeaux entre leurs doigts calleux,
Poser sous les râteaux la sueur d'une année !
Et là, muets d'horreur devant la Destinée,
Suivre des yeux leur pain qui courait devant eux !

XVII

Dirai-je qu'ils perdaient ? Hélas ! ce n'était guères.
C'était bien vite fait de leur vider les mains.
Ils regardaient alors toutes ces étrangères,
Cet or, ces voluptés, ces belles passagères,
Tout ce monde enchanté de la saison des bains,
Qui s'en va sans poser le pied sur les chemins.

XVIII

Ils couraient, ils partaient, tout ivres de lumière,
Et la nuit sur leurs yeux posait son noir bandeau.
Ces mains vides, ces mains qui labouraient la terre,
Il fallait les étendre, en rentrant au hameau,
Pour trouver à tâtons les murs de la chaumière,
L'aïeule au coin du feu, les enfants au berceau !

XIX

O toi, Père immortel, dont le Fils s'est fait homme,
Si jamais ton jour vient, Dieu juste, ô Dieu vengeur !...
J'oublie à tout moment que je suis gentilhomme.
Revenons à mon fait : tout chemin mène à Rome.
Ces pauvres paysans (pardonne-moi, lecteur),
Ces pauvres paysans, je les ai sur le cœur.

XX

Me voici donc à Bade : et vous pensez, sans doute,
Puisque j'ai commencé par vous parler du jeu,
Que j'eus pour premier soin d'y perdre quelque peu.
Vous ne vous trompez pas, je vous en fais l'aveu.
De même que pour mettre une armée en déroute
Il ne faut qu'un poltron qui lui montre la route,

XXI

De même, dans ma bourse, il ne faut qu'un écu
Qui tourne les talons, et le reste est perdu.
Tout ce que je possède a quelque ressemblance
Aux moutons de Panurge : au premier qui commence,
Voilà Panurge à sec et son troupeau tondu.
Hélas ! le premier pas se fait sans qu'on y pense.

XXII

Ma poche est comme une île escarpée et sans bords,
On n'y saurait rentrer quand on en est dehors.
Au moindre fil cassé, l'écheveau se dévide :
Entraînement funeste et d'autant plus perfide,
Que j'eus de tous les temps la sainte horreur du vide,
Et qu'après le combat je rêve à tous mes morts

XXIII

Un soir, venant de perdre une bataille honnête,
Ne possédant plus rien qu'un grand mal à la tête,
Je regardais le ciel, étendu sur un banc,
Et songeais, dans mon âme, aux héros d'Ossian.
Je pensai tout à coup à faire une conquête ;
Il tressaillit en moi des phrases de roman.

XXIV

Il ne faudrait pourtant, me disais-je à moi-même,
Qu'une permission de notre seigneur Dieu,
Pour qu'il vînt à passer quelque femme en ce lieu.
Les bosquets sont déserts ; la chaleur est extrême ;
Les vents sont à l'amour ; l'horizon est en feu :
Toute femme, ce soir, doit désirer qu'on l'aime.

XXV

S'il venait à passer, sous ces grands marronniers,
Quelque alerte beauté de l'école flamande,
Une ronde fillette, échappée à Téniers,
Ou quelque ange pensif de candeur allemande :
Une vierge en or fin d'un livre de légende,
Dans un flot de velours traînant ses petits pieds ;

XXVI

Elle viendrait par là, de cette sombre allée,
Marchant à pas de biche avec un air boudeur,
Écoutant murmurer le vent dans la feuillée,
De paresse amoureuse et de langueur voilée,
Dans ses doigts inquiets tourmentant une fleur,
Le printemps sur la joue, et le ciel dans le cœur.

XXVII

Elle s'arrêterait là-bas, sous la tonnelle.
Je ne lui dirais rien, j'irais tout simplement
Me mettre à deux genoux par terre devant elle,
Regarder dans ses yeux l'azur du firmament,
Et pour toute faveur la prier seulement
De se laisser aimer d'une amour immortelle.

XXVIII

Comme j'en étais là de mon raisonnement,
Enfoncé jusqu'au cou dans cette rêverie,
Une bonne passa, qui tenait un enfant.
Je crus m'apercevoir que le pauvre innocent
Avait dans ses grands yeux quelque mélancolie.
Ayant toujours aimé cet âge à la folie,

XXIX

Et ne pouvant souffrir de le voir maltraité,
Je fus à la rencontre, et m'enquis de la bonne
Quel motif de colère ou de sévérité
Avait du chérubin dérobé la gaîté.
« Quoi qu'il ait fait d'abord, je veux qu'on lui pardonne,
Lui dis-je, et ce qu'il veut, je veux qu'on le lui donne. »

XXX

C'est mon opinion de gâter les enfants.
Le marmot là-dessus, m'accueillant d'un sourire,
D'abord à me répondre hésita quelque temps ;
Puis il tendit la main et finit par me dire :
« Qu'il n'avait pas de quoi donner aux mendiants. »
Le ton dont il le dit, je ne peux pas l'écrire.

XXXI

Mais vous savez, lecteur, que j'étais ruiné :
J'avais encor, je crois, deux écus dans ma bourse ;
C'était, en vérité, mon unique ressource,
La seule goutte d'eau qui restât dans la source,
Le seul verre de vin pour mon prochain dîné ;
Je les tirai bien vite, et je les lui donnai.

XXXII

Il les prit sans façon, et s'enfuit de la sorte.
A quelques jours de là, comme j'étais au lit,
La Fortune, en passant, vint frapper à ma porte.
Je reçus de Paris une somme assez forte,
Et très-heureusement il me vint à l'esprit
De payer l'hôtelier qui m'avait fait crédit.

XXXIII

Mon marmot cependant se trouvait une fille,
Anglaise de naissance et de bonne famille.
Or, la veille du jour fixé pour mon départ,
Je vins à rencontrer sa mère par hasard.
C'était au bal. — Au bal il faut bien qu'on babille :
Je fis donc pour le mieux mon métier de bavard.

XXXIV

Une goutte de lait dans la plaine éthérée
Tomba, dit-on, jadis, du haut du firmament.
La Nuit, qui sur son char passait en ce moment,
Vit ce pâle sillon sur sa mer azurée,
Et, secouant les plis de sa robe nacrée,
Fit au ruisseau céleste un lit de diamant.

XXXV

Les Grecs, enfants gâtés des Filles de Mémoire,
De miel et d'ambroisie ont doré cette histoire ;
Mais j'en veux dire un point qui fut ignoré d'eux :
C'est que, lorsque Junon vit son beau sein d'ivoire
En un fleuve de lait changer ainsi les cieux,
Elle eut peur tout à coup du souverain des dieux.

XXXV

Elle voulut poser ses mains sur sa poitrine ;
Et, sentant ruisseler sa mamelle divine,
Pour épargner l'Olympe, elle se détourna ;
Le soleil était loin, la terre était voisine ;
Sur notre pauvre argile une goutte en tomba ;
Tout ce que nous aimons nous est venu de là.

XXXVII

C'était un bel enfant que cette jeune mère ;
Un véritable enfant, — et la riche Angleterre
Plus d'une fois dans l'eau jettera son filet
Avant d'y retrouver une perle aussi chère ;
En vérité, lecteur, pour faire son portrait,
Je ne puis mieux trouver qu'une goutte de lait.

XXXVIII

Jamais le voile blanc de la mélancolie
Ne fut plus transparent sur un sang plus vermeil.
Je m'assis auprès d'elle et parlai d'Italie ;
Car elle connaissait le pays sans pareil.
Elle en venait, hélas ! à sa froide patrie
Rapportant dans son cœur un rayon de soleil.

XXXIX

Nous causâmes longtemps, elle était simple et bonne.
Ne sachant pas le mal, elle faisait le bien ;
Des richesses du cœur elle me fit l'aumône,
Et, tout en écoutant comme le cœur se donne,
Sans oser y penser, je lui donnai le mien ;
Elle emporta ma vie et n'en sut jamais rien.

XL

Le soir, en revenant après la contredanse,
Je lui donnai le bras, nous entrâmes au jeu ;
Car on ne peut sortir autrement de ce lieu
« Vous partez, me dit-elle, et vous allez, je pense,
D'ici jusque chez vous faire quelque dépense ;
Pour votre dernier jour il faut jouer un peu. »

XLI

Elle me fit asseoir avec un doux sourire.
Je ne sais quel caprice alors la conseilla ;
Elle étendit la main et me dit : « Jouez-là. »
Par cet ange aux yeux bleus je me laissai conduire,
Et je n'ai pas besoin, mon ami, de vous dire
Qu'avec quelques louis mon numéro gagna.

XLII

Nous jouâmes ainsi pendant une heure entiére,
Et je vis devant moi tomber tout un trésor ;
Si c'était rouge ou noir, je ne m'en souviens guère ;
Si c'était dix ou vingt, je n'en sais rien encor ;
Je partais pour la France, elle pour l'Angleterre,
Et je sortis de là les deux mains pleines d'or.

XLIII

Quand je rentrai chez moi, je vis cette richesse,
Je me souvins alors de ce jour de détresse
Où j'avais à l'enfant donné mes deux écus.
C'était par charité : je les croyais perdus.
De Celui qui voit tout je compris la sagesse :
La mère, ce soir-là, me les avait rendus.

XLIV

Lecteur, si je n'ai pas la mémoire égarée,
Je t'ai promis, je crois, en commençant ceci,
Une bonne fortune : elle finit ainsi
Mon bonheur, tu le vois, vécut une soirée ;
J'en connais cependant de plus longue durée
Que je ne voudrais pas changer pour celui-ci.

Décembre 1834.

LUCIE.

ÉLÉGIE.

Mes chers amis, quand je mourrai,
Plantez un saule au cimetière.
J'aime son feuillage éploré,
La pâleur m'en est douce et chère,
Et son ombre sera légère
A la terre où je dormirai.

Un soir, nous étions seuls, j'étais assis près d'elle,
Elle penchait la tête, et sur son clavecin
Laissait, tout en rêvant, flotter sa blanche main.
Ce n'était qu'un murmure : on eût dit les coups d'aile
D'un zéphyr éloigné glissant sur des roseaux
Et craignant en passant d'éveiller les oiseaux.
Les tièdes voluptés des nuits mélancoliques
Sortaient autour de nous du calice des fleurs.
Les marronniers du parc et les chênes antiques

Se berçaient doucement sous leurs rameaux en pleurs.
Nous écoutions la nuit ; la croisée entr'ouverte
Laissait venir à nous les parfums du printemps ;
Les vents étaient muets ; la plaine était déserte ;
Nous étions seuls, pensifs, et nous avions quinze ans.
Je regardais Lucie. — Elle était pâle et blonde.
Jamais deux yeux plus doux n'ont du ciel le plus pur
Sondé la profondeur et réfléchi l'azur.
Sa beauté m'enivrait ; je n'aimais qu'elle au monde.
Mais je croyais l'aimer comme on aime une sœur,
Tant ce qui venait d'elle était plein de pudeur !
Nous nous tûmes longtemps : ma main touchait la sienne.
Je regardais rêver son front triste et charmant,
Et je sentais dans l'âme, à chaque mouvement,
Combien peuvent sur nous, pour guérir toute peine
Ces deux signes jumeaux de paix et de bonheur,
Jeunesse de visage et jeunesse de cœur.
La lune, se levant dans un ciel sans nuage,
D'un long réseau d'argent tout à coup l'inonda.
Elle vit dans mes yeux resplendir son image ;
Son sourire semblait d'un ange : elle chanta.

. . . .
. . . .

Fille de la douleur, Harmonie ! Harmonie !
Langue que pour l'amour inventa le génie !
Qui nous vins d'Italie et qui lui vins des cieux !
Douce langue du cœur, la seule où la pensée,
Cette vierge craintive et d'une ombre offensée,
Passe en gardant son voile et sans craindre les yeux !

Qui sait ce qu'un enfant peut entendre et peut dire
Dans tes soupirs divins, nés de l'air qu'il respire,
Tristes comme son cœur et doux comme sa voix?
On surprend un regard, une larme qui coule;
Le reste est un mystère ignoré de la foule,
Comme celui des flots, de la nuit et des bois!

Nous étions seuls, pensifs; je regardais Lucie.
L'écho de sa romance en nous semblait frémir.
Elle appuya sur moi sa tête appesantie.
Sentais-tu dans ton cœur Desdemona gémir,
Pauvre enfant? Tu pleurais; sur ta bouche adorée
Tu laissas tristement mes lèvres se poser,
Et ce fut ta douleur qui reçut mon baiser.
Telle je t'embrassai, froide et décolorée,
Telle, deux mois après, tu fus mise au tombeau,
Telle, ô ma chaste fleur! tu t'es évanouie.
Ta mort fut un sourire aussi doux que ta vie,
Et tu fus rapportée à Dieu dans ton berceau.

. . . .

Doux mystère du toit que l'innocence habite,
Chansons, rêves d'amour, rires, propos d'enfant,
Et toi, charme inconnu dont rien ne se défend,
Qui fis hésiter Faust au seuil de Marguerite,
Candeur des premiers jours, qu'êtes-vous devenus?

Paix profonde à ton âme, enfant! à ta mémoire!
Adieu! ta blanche main sur le clavier d'ivoire,
Durant les nuits d'été, ne voltigera plus...

Mes chers amis, quand je mourrai,
Plantez un saule au cimetière.
J'aime son feuillage éploré,
La pâleur m'en est douce et chère,
Et son ombre sera légère
A la terre où je dormirai

Mai 1835.

A MADAME ***

QUI AVAIT ENVOYÉ, PAR PLAISANTERIE,
UN PETIT ÉCU A L'AUTEUR.

Vous m'envoyez, belle Émilie,
Un poulet bien emmaillotté ;
Votre main discrète et polie
L'a soigneusement cacheté.
Mais l'aumône est un peu légère,
Et, malgré sa dextérité,
Cette main est bien ménagère
Dans ses actes de charité.
C'est regarder à la dépense
Si votre offrande est un paiement ;
Et si c'est une récompense,
Vous n'aviez pas besoin d'argent.
A l'avenir, belle Émilie,
Si votre cœur est généreux,
Aux pauvres gens, je vous en prie,
Faites l'aumône avec vos yeux.
Quand vous trouverez le mérite,
Et quand vous voudrez le payer,
Souvenez-vous de Marguerite

Et du poëte Alain Chartier.
Il était bien laid, dit l'histoire,
La dame était fille de roi ;
Je suis bien obligé de croire
Qu'il faisait mieux les vers que moi.
Mais si ma plume est peu de chose,
Mon cœur, hélas! ne vaut pas mieux ;
Fût-ce même pour de la prose,
Vos cadeaux sont trop dangereux.
Que votre charité timide
Garde son argent et son or,
Car en ouvrant votre main vide,
Vous pouvez donner un trésor.

1835.

LA NUIT DE MAI.

LA MUSE.

Poëte, prends ton luth et me donne un baiser ;
La fleur de l'églantier sent ses bourgeons éclore.
Le printemps naît ce soir ; les vents vont s'embraser ;
Et la bergeronnette, en attendant l'aurore,
Aux premiers buissons verts commence à se poser.
Poëte, prends ton luth, et me donne un baiser.

LE POETE

Comme il fait noir dans la vallée !
J'ai cru qu'une forme voilée
Flottait là-bas sur la forêt.
Elle sortait de la prairie ;
Son pied rasait l'herbe fleurie ;
C'est une étrange rêverie ;
Elle s'efface et disparaît.

LA MUSE.

Poëte, prends ton luth; la nuit, sur la pelouse,
Balance le zéphyr dans son voile odorant.
La rose, vierge encor, se referme jalouse
Sur le frelon nacré qu'elle enivre en mourant.
Écoute! tout se tait; songe à ta bien-aimée.
Ce soir, sous les tilleuls, à la sombre ramée
Le rayon du couchant laisse un adieu plus doux.
Ce soir, tout va fleurir : l'immortelle nature
Se remplit de parfums, d'amour et de murmure,
Comme le lit joyeux de deux jeunes époux.

LE POETE.

Pourquoi mon cœur bat-il si vite?
Qu'ai-je donc en moi qui s'agite,
Dont je me sens épouvanté?
Ne frappe-t-on pas à ma porte?
Pourquoi ma lampe à demi morte
M'éblouit-elle de clarté?
Dieu puissant! tout mon corps frissonne.
Qui vient? qui m'appelle? — Personne.
Je suis seul; c'est l'heure qui sonne;
O solitude! ô pauvreté!

LA MUSE.

Poëte, prends ton luth; le vin de la jeunesse
Fermente cette nuit dans les veines de Dieu.
Mon sein est inquiet; la volupté l'oppresse,
Et les vents altérés m'ont mis la lèvre en feu.
O paresseux enfant! regarde, je suis belle.

Notre premier baiser, ne t'en souviens-tu pas,
Quand je te vis si pâle au toucher de mon aile,
Et que, les yeux en pleurs, tu tombas dans mes bras?
Ah! je t'ai consolé d'une amère souffrance!
Hélas! bien jeune encor, tu te mourais d'amour.
Console-moi ce soir, je me meurs d'espérance;
J'ai besoin de prier pour vivre jusqu'au jour.

LE POETE.
  Est-ce toi dont la voix m'appelle,
  O ma pauvre Muse, est-ce toi?
  O ma fleur, ô mon immortelle!
  Seul être pudique et fidèle
  Où vive encor l'amour de moi!
  Oui, te voilà, c'est toi, ma blonde,
  C'est toi, ma maîtresse et ma sœur!
  Et je sens, dans la nuit profonde,
  De ta robe d'or qui m'inonde
  Les rayons glisser dans mon cœur.

LA MUSE.
Poëte, prends ton luth; c'est moi, ton immortelle,
Qui t'ai vu cette nuit triste et silencieux,
Et qui, comme un oiseau que sa couvée appelle,
Pour pleurer avec toi descends du haut des cieux.
Viens, tu souffres, ami. Quelque ennui solitaire
Te ronge; quelque chose a gémi dans ton cœur;
Quelque amour t'est venu, comme on en voit sur terre,
Une ombre de plaisir, un semblant de bonheur.
Viens, chantons devant Dieu; chantons dans tes pensées,
Dans tes plaisirs perdus, dans tes peines passées;

Partons, dans un baiser, pour un monde inconnu.
Éveillons au hasard les échos de ta vie,
Parlons-nous de bonheur, de gloire et de folie,
Et que ce soit un rêve, et le premier venu.
Inventons quelque part des lieux où l'on oublie ;
Partons, nous sommes seuls, l'univers est à nous.
Voici la verte Écosse et la brune Italie,
Et la Grèce, ma mère, où le miel est si doux,
Argos, et Ptéléon, ville des hécatombes,
Et Messa, la divine, agréable aux colombes,
Et le front chevelu du Pélion changeant,
Et le bleu Titarèse, et le golfe d'argent
Qui montre dans ses eaux, où le cygne se mire,
La blanche Oloossone à la blanche Camyre.
Dis-moi, quel songe d'or nos chants vont-ils bercer ?
D'où vont venir les pleurs que nous allons verser ?
Ce matin, quand le jour a frappé ta paupière,
Quel séraphin pensif, courbé sur ton chevet,
Secouait des lilas dans sa robe légère,
Et te contait tout bas les amours qu'il rêvait ?
Chanterons-nous l'espoir, la tristesse ou la joie ?
Tremperons-nous de sang les bataillons d'acier ?
Suspendrons-nous l'amant sur l'échelle de soie ?
Jetterons-nous au vent l'écume du coursier ?
Dirons-nous quelle main, dans les lampes sans nombre
De la maison céleste, allume nuit et jour
L'huile sainte de vie et d'éternel amour ?
Crierons-nous à Tarquin : « Il est temps, voici l'ombre ! »
Descendrons-nous cueillir la perle au fond des mers ?
Mènerons-nous la chèvre aux ébéniers amers ?

Montrerons-nous le ciel à la Mélancolie ?
Suivrons-nous le chasseur sur les monts escarpés ?
La biche le regarde ; elle pleure et supplie ;
Sa bruyère l'attend ; ses faons sont nouveau-nés ;
Il se baisse, il l'égorge, il jette à la curée
Sur les chiens en sueur son cœur encor vivant.
Peindrons-nous une vierge à la joue empourprée,
S'en allant à la messe, un page la suivant,
Et d'un regard distrait, à côté de sa mère,
Sur sa lèvre entr'ouverte oubliant sa prière ?
Elle écoute en tremblant, dans l'écho du pilier,
Résonner l'éperon d'un hardi cavalier.
Dirons-nous aux héros des vieux temps de la France
De monter tout armés aux créneaux de leurs tours,
Et de ressusciter la naïve romance
Que leur gloire oubliée apprit aux troubadours ?
Vêtirons-nous de blanc une molle élégie ?
L'homme de Waterloo nous dira-t-il sa vie,
Et ce qu'il a fauché du troupeau des humains
Avant que l'envoyé de la nuit éternelle
Vînt sur son tertre vert l'abattre d'un coup d'aile,
Et sur son cœur de fer lui croiser les deux mains ?
Clouerons-nous au poteau d'une satire altière
Le nom sept fois vendu d'un pâle pamphlétaire,
Qui, poussé par la faim, du fond de son oubli
S'en vient, tout grelottant d'envie et d'impuissance,
Sur le front du génie insulter l'espérance
Et mordre le laurier que son souffle a sali ?
Prends ton luth ! prends ton luth ! je ne peux plus me taire.
Mon aile me soulève au souffle du printemps.

Le vent va m'emporter ; je vais quitter la terre.
Une larme de toi ! Dieu m'écoute ; il est temps.

LE POETE.

 S'il ne te faut, ma sœur chérie,
 Qu'un baiser d'une lèvre amie
 Et qu'une larme de mes yeux,
 Je te les donnerai sans peine ;
 De nos amours qu'il te souvienne,
 Si tu remontes dans les cieux.
 Je ne chante ni l'espérance,
 Ni la gloire, ni le bonheur,
 Hélas ! pas même la souffrance.
 La bouche garde le silence
 Pour écouter parler le cœur.

LA MUSE.

Crois-tu donc que je sois comme le vent d'automne,
Qui se nourrit de pleurs jusque sur un tombeau,
Et pour qui la douleur n'est qu'une goutte d'eau ?
O poëte ! un baiser, c'est moi qui te le donne
L'herbe que je voulais arracher de ce lieu,
C'est ton oisiveté ; ta douleur est à Dieu.
Quel que soit le souci que ta jeunesse endure,
Laisse-la s'élargir, cette sainte blessure
Que les noirs séraphins t'ont faite au fond du cœur ;
Rien ne nous rend si grands qu'une grande douleur.
Mais, pour en être atteint, ne crois pas, ô poëte,
Que ta voix ici-bas doive rester muette.
Les plus désespérés sont les chants les plus beaux,

Et j'en sais d'immortels qui sont de purs sanglots.
Lorsque le pélican, lassé d'un long voyage,
Dans les brouillards du soir retourne à ses roseaux,
Ses petits affamés courent sur le rivage,
En le voyant au loin s'abattre sur les eaux
Déjà, croyant saisir et partager leur proie,
Ils courent à leur père avec des cris de joie,
En secouant leurs becs sur leurs goîtres hideux.
Lui, gagnant à pas lents une roche élevée,
De son aile pendante abritant sa couvée,
Pêcheur mélancolique, il regarde les cieux.
Le sang coule à longs flots de sa poitrine ouverte;
En vain il a des mers fouillé la profondeur :
L'Océan était vide, et la plage déserte;
Pour toute nourriture il apporte son cœur.
Sombre et silencieux, étendu sur la pierre,
Partageant à ses fils ses entrailles de père,
Dans son amour sublime il berce sa douleur,
Et, regardant couler sa sanglante mamelle,
Sur son festin de mort il s'affaisse et chancelle,
Ivre de volupté, de tendresse et d'horreur.
Mais parfois, au milieu du divin sacrifice,
Fatigué de mourir dans un trop long supplice,
Il craint que ses enfants ne le laissent vivant;
Alors il se soulève, ouvre son aile au vent,
Et se frappant le cœur avec un cri sauvage,
Il pousse dans la nuit un si funèbre adieu,
Que les oiseaux des mers désertent le rivage,
Et que le voyageur attardé sur la plage,
Sentant passer la mort, se recommande à Dieu.

Poëte, c'est ainsi que font les grands poëtes.
Ils laissent s'égayer ceux qui vivent un temps;
Mais les festins humains qu'ils servent à leurs fêtes
Ressemblent la plupart à ceux des pélicans.
Quand ils parlent ainsi d'espérances trompées,
De tristesse et d'oubli, d'amour et de malheur,
Ce n'est pas un concert à dilater le cœur.
Leurs déclamations sont comme des épées :
Elles tracent dans l'air un cercle éblouissant,
Mais il y pend toujours quelque goutte de sang.

LE POETE.

O Muse! spectre insatiable,
Ne m'en demande pas si long.
L'homme n'écrit rien sur le sable
A l'heure où passe l'aquilon.
J'ai vu le temps où ma jeunesse
Sur mes lèvres était sans cesse
Prête à chanter comme un oiseau;
Mais j'ai souffert un dur martyre,
Et le moins que j'en pourrais dire,
Si je l'essayais sur ma lyre,
La briserait comme un roseau.

Mai 1835.

LA LOI SUR LA PRESSE.

I

Je ne fais pas grand cas des hommes politiques;
Je ne suis pas l'amant de nos places publiques;
On n'y fait que brailler et tourner à tous vents.
Ce n'est pas moi qui cherche, aux vitres des boutiques,
Ces placards éhontés, débaucheurs de passants,
Qui tuaient la pudeur dans les yeux des enfants

II

Que les hommes entre eux soient égaux sur la terre,
Je n'ai jamais compris que cela pût se faire,
Et je ne suis pas né de sang républicain.
Je n'ai jamais été, Dieu merci, pamphlétaire;
Je ne suis pas de ceux qui font mentir leur faim,
Et dans tous les égouts vont s'enfournant du pain.

III

Pour être d'un parti j'aime trop la paresse,
Et dans aucun haras je ne suis étalon.
Ma muse, vierge encor, n'a rien d'écrit au front.
Je n'ai servi que Dieu, ma mère et ma maîtresse ;
Et par quelque sentier qu'ait passé ma jeunesse,
Aucun gravier fangeux ne lui traîne au talon.

IV

J'ai fléchi le genou sur la dalle sanglante,
Chaude et tremblante encor d'un meurtre surhumain,
Quand de joie et d'horreur la France palpitante
Vit un père et ses fils se tenant par la main,
A travers les éclairs d'une muraille ardente,
Passer en souriant, conduits par le Destin.

V

J'ai prié, j'ai pleuré, moi, fils d'un siècle impie,
Le jour qu'à Notre-Dame, aux pieds du Dieu sauveur,
Une reine, une mère, ô fatale grandeur !
Vint, la tête baissée, et par les pleurs maigrie,
Prier pour ses enfants l'ange de la patrie,
Et rendre grâce à Dieu, pâle encor de terreur.

VI

Que la liberté sainte engendre la licence,
C'est un mal, je le sais ; et de tous les fléaux
Le pire est qu'un bandit soit bâtard d'un héros.
C'est un ardent soleil que celui de la France ;
Son immense clarté projette une ombre immense :
Dieu voulut qu'un grand bien fît toujours de grands maux.

VII

Oui, c'est la vérité, le théâtre et la presse
Étalent aujourd'hui des spectacles hideux,
Et c'est en pleine rue à se boucher les yeux.
Un vil mépris de tout nous travaille sans cesse ;
La muse, de nos temps, ne se fait plus prêtresse,
Mais bacchante ; et le monde a dégradé ses dieux.

VIII

Oui, c'est la vérité qu'à peine émancipée,
L'intelligence humaine, hier esclave encor,
A pris à tire-d'aile un monstrueux essor.
Nos hommes ont souillé leur plus vaillante épée,
La parole, cette arme au sein de Dieu trempée,
Dont notre siècle au flanc porte la lame d'or.

IX

Oui, c'est la vérité, la France déraisonne ;
Elle donne aux badauds, comme à Lacédémone,
Le spectacle effrayant d'un esclave enivré.
C'est que nous avons bu d'un vin pur et sacré,
Et, joyeux vigneron qu'un pampre vert couronne,
Nous vendangeons encor d'un pas mal assuré.

X

Mais morbleu ! c'est un sourd ou c'est une statue,
Celui qui ne dit rien de la loi qu'on nous fait !
Messieurs les députés ne visent qu'à l'effet.
Eh ! pour l'amour de Dieu, si votre âme est émue,
Soyez donc trivial comme on l'est dans la rue ;
La Bruyère l'a dit ; celui-là s'y connaît.

XI

Une loi sur la presse ! ô peuple gobe-mouche !
La loi, pas vrai ? quel mot ! comme il emplit la bouche !
Une loi maternelle et qui vous tend les bras !
Une loi, notez bien, qui ne *réprime* pas,
Qui supprime ! Une loi, comme *sainte nitouche*,
Une petite loi qui marche à petits pas !

XII

Une charmante loi, pleine de convenance,
Qui couvre tous les seins que l'on ne saurait voir !
Vous pouvez tout écrire en toute confiance ;
Votre intention seule est ce qu'on veut savoir.
Rien que l'intention ! Voyez quelle indulgence !
La loi flaire un écrit ; s'il sent mauvais, bonsoir !

XIII

Avez-vous insulté par quelque raillerie
Les hauts représentants de la société ?
Médîtes-vous d'un pair, ou bien d'un député ?
L'offense la plus grave a droit de seigneurie :
Les pairs vous jugeront, s'il plaît à la pairie ;
Sinon, c'est le pays, refait et recompté.

XIV

Avez-vous comparé dans quelque théorie
L'état de république avec la royauté ?
Avez-vous fait un rêve, et dit à la patrie
Ce que pour elle un jour vous auriez souhaité ?
Les pairs vous jugeront, s'il plaît à la pairie ;
Sinon, c'est le pays, refait et recompté.

XV

Avez-vous quelque place, ou bien quelque industrie,
Dont les jours de juillet vous aient déshérité ?
D'un vieux maître banni serviteur regretté,
Osez-vous à l'exil faire une flatterie ?
Les pairs vous jugeront, s'il plaît à la pairie ;
Sinon, c'est le pays, refait et recompté.

XVI

N'auriez-vous pas construit, pour quelque espièglerie,
Au fond d'une campagne ou d'une métairie,
Un théâtre forain sur deux tréteaux planté ?
Les pairs vous jugeront, s'il plaît à la pairie,
Sinon, c'est le pays, refait et recompté ;
Et vous verrez le bât dont vous serez bâté !

XVII

Mais monsieur le ministre a dit à la tribune
Que l'art était perdu, que le goût s'en allait ;
Que sa loi, pour la scène, était ce qu'il fallait ;
Qu'autrefois l'éloquence était chose commune,
Mais qu'en France, aujourd'hui, l'on n'en voyait aucune,
Et la chose, à l'ouïr, parut claire en effet.

XVIII

Je voudrais bien savoir, pour la rendre plus claire,
Ce que c'est que ce goût dont on nous parle tant.
Le goût ! toujours le goût ! — Lorsque j'étais enfant,
J'avais un précepteur qui m'en disait autant
Je vois bien trois mille ans depuis la mort d'Homère ;
Mais depuis trois mille ans, je ne vois sur la terre

XIX

Qu'un seul siècle « de goût » qu'on appelle le grand
C'est celui de Boileau, c'est celui de Corneille.
Mais enfin, monsieur Thiers, cette terre est bien vieille.
Que ce siècle soit beau, soit grand, c'est à merveille ;
Et je n'en dirai pas de mal assurément ;
Quand le diable y serait, ce n'en est qu'un, pourtant.

XX

Est-ce une loi pour tous qu'un siècle dans l'histoire ?
Parce que trois pédants m'ont farci la mémoire
De je ne sais quels vers, à contre-cœur appris,
N'est-il pour moi qu'un siècle, et pour moi qu'un pays ?
Eh ! s'il est glorieux, qu'il dorme dans sa gloire,
Ce siècle de malheur ! c'est du mien que je suis.

XXI

Dans quel temps vivons-nous, voyons, je vous en prie ?
Vivons-nous sous Louis quatorzième du nom ?
Alors portons perruque, allons à Trianon.
Soyons des fleurs d'amour et de galanterie ;
Enfin, décidez-vous, monsieur Thiers, ou sinon,
Laissez-nous être au monde et vivre notre vie.

XXII

Serait-ce par hasard que ce « goût » si vanté
Passerait à vos yeux pour quelque vieil usage ?
Ne le croiriez-vous pas de la Grèce apporté ?
Cela pourrait bien être, et vous pensez, je gage,
Que ce goût merveilleux, dont vous faites tapage,
Vient de la vénérable et sainte antiquité.

XXIII

L'an de la quatre-vingt-cinquième olympiade,
(C'était, vous le savez, le temps d'Alcibiade,
Celui de Périclès, et celui de Platon)
Certain vieillard vivait, vieillard assez maussade...
Mais vous le connaissez, et vous savez son nom :
C'était Aristophane, ennemi de Cléon.

XXIV

Lisez-le, monsieur Thiers, c'est un rude génie;
Il avait peu de grâce, et de goût nullement.
On le voyait le soir, devant l'Académie,
Poser sa large main sur sa tempe blanchie,
A l'ombre du smilax et du peuplier blanc.
Le siècle qui l'a vu s'en est appelé grand.

XXV

Quand son regard perçant fixait la face humaine,
Pour fouiller la pensée, il allait droit au cœur.
Mais il n'en montrait rien qu'un sourire moqueur,
Jusqu'au jour où lui-même, à la face d'Athène,
Tout barbouillé de lie, il montait sur la scène,
Attaquait un archonte, et revenait vainqueur.

XXVI

Il nommait par leur nom les choses et les hommes.
Ni le bien, ni le mal, pour lui n'était voilé;
Ses vers, au peuple même au théâtre assemblé,
De dures vérités n'étaient point économes;
Et s'il avait vécu dans le temps où nous sommes,
A propos de la loi peut-être eût-il parlé.

XXVII

« Étourdis habitants de la vieille Lutèce,
Dirait-il, qu'avez-vous, et quelle étrange ivresse
Vous fait dormir debout ? Faut-il prendre un bâton ?
Si vous êtes vivants, à quoi pensez-vous donc ?
Pendant que vous dormez, on bâillonne la presse,
Et la Chambre en travail enfante une prison. »

XXVIII

On bannissait jadis, au temps de barbarie ;
Si l'exil était pire ou mieux que l'échafaud,
Je ne sais ; mais, du moins, sur les mers de la vie
On laissait l'exilé devenir matelot.
Cela semblait assez de perdre sa patrie.
Maintenant avec l'homme on bannit le cachot.

XXIX

Dieu juste ! nos prisons s'en vont en colonie !
Je ne m'étonne pas qu'on civilise Alger.
Les pauvres musulmans ne savaient qu'égorger ;
Mais nous, notre océan porte à Philadelphie
Une rare merveille, une plante inouïe,
Que nous ferons germer sur le sol étranger.

XXX

Regardez, regardez, peuples du nouveau monde !
N'apercevez-vous rien sur votre mer profonde ?
Ne vient-il pas à vous, du bout de l'horizon,
Un cétacée énorme, au triple pavillon ?
Vous ne devinez pas ce qui se meut sur l'onde ;
C'est la première fois qu'on lance une prison.

XXXI

Enfants de l'Amérique, accourez au rivage !
Venez voir débarquer, superbe et pavoisé,
Un supplice nouveau par la mer baptisé.
Vos monstres quelquefois nous arrivent en cage ;
Venez, c'est votre tour, et que l'homme sauvage
Fixe ses yeux ardents sur l'homme apprivoisé.

XXXII

Voyez-vous ces forçats que de cette machine
On tire deux à deux pour les descendre à bord ?
Les voyez-vous, fiévreux, et le fouet sur l'échine,
Glisser sur leur boulet dans les sables du port ?
Suivez-les, suivez-les, le monde est en ruine ;
Car le génie humain a fait pis que la mort.

XXXIII

Qu'ont-ils fait, direz-vous, pour un pareil supplice ?
Ont-ils tué leurs rois, ou renversé leurs dieux ?
Non. Ils ont comparé deux esclaves entre eux ;
Ils ont dit que Solon comprenait la justice
Autrement qu'à Paris les préfets de police,
Et qu'autrefois en Grèce il fut un peuple heureux.

XXXIV

Pauvres gens ! c'est leur crime ; ils aiment leur pensée,
Tous ces pâles rêveurs au langage inconstant.
On ne fera d'eux tous qu'un cadavre vivant.
Passez, Américains, passez, tête baissée ;
Et que la liberté, leur triste fiancée,
Chez vous, du moins, au front les baise en arrivant !

Août 1835.

LA NUIT DE DÉCEMBRE.

LE POETE.

Du temps que j'étais écolier,
Je restais un soir à veiller
Dans notre salle solitaire.
Devant ma table vint s'asseoir
Un pauvre enfant vêtu de noir,
Qui me ressemblait comme un frère.

Son visage était triste et beau.
A la lueur de mon flambeau,
Dans mon livre ouvert il vint lire.
Il pencha son front sur ma main,
Et resta jusqu'au lendemain,
Pensif, avec un doux sourire.

Comme j'allais avoir quinze ans,
Je marchais un jour, à pas lents,
Dans un bois, sur une bruyère.
Au pied d'un arbre vint s'asseoir
Un jeune homme vêtu de noir,
Qui me ressemblait comme un frère.

Je lui demandai mon chemin.
Il tenait un luth d'une main,
De l'autre un bouquet d'églantine.
Il me fit un salut d'ami,
Et, se détournant à demi,
Me montra du doigt la colline.

A l'âge où l'on croit à l'amour,
J'étais seul dans ma chambre un jour,
Pleurant ma première misère.
Au coin de mon feu vint s'asseoir
Un étranger vêtu de noir,
Qui me ressemblait comme un frère.

Il était morne et soucieux;
D'une main il montrait les cieux,
Et de l'autre il tenait un glaive.
De ma peine il semblait souffrir,
Mais il ne poussa qu'un soupir,
Et s'évanouit comme un rêve.

A l'âge où l'on est libertin,
Pour boire un toast en un festin,
Un jour je soulevai mon verre.
En face de moi vint s'asseoir
Un convive vêtu de noir,
Qui me ressemblait comme un frère.

Il secouait sous son manteau
Un haillon de pourpre en lambeau,
Sur sa tête un myrte stérile.
Son bras maigre cherchait le mien,
Et mon verre, en touchant le sien,
Se brisa dans ma main débile.

Un an après, il était nuit,
J'étais à genoux près du lit
Où venait de mourir mon père.
Au chevet du lit vint s'asseoir
Un orphelin vêtu de noir,
Qui me ressemblait comme un frère.

Ses yeux étaient noyés de pleurs ;
Comme les anges de douleurs,
Il était couronné d'épine ;
Son luth à terre était gisant,
Sa pourpre de couleur de sang,
Et son glaive dans sa poitrine.

Je m'en suis si bien souvenu,
Que je l'ai toujours reconnu
A tous les instants de ma vie
C'est une étrange vision,
Et cependant, ange ou démon,
J'ai vu partout cette ombre amie.

Lorsque plus tard, las de souffrir,
Pour renaître ou pour en finir,
J'ai voulu m'exiler de France,
Lorsqu'impatient de marcher,
J'ai voulu partir, et chercher
Les vestiges d'une espérance ;

A Pise, au pied de l'Apennin ;
A Cologne, en face du Rhin ;
A Nice, au penchant des vallées ;
A Florence, au fond des palais ;
A Brigues, dans les vieux chalets ;
Au sein des Alpes désolées ;

A Gênes, sous les citronniers ;
A Vevay, sous les verts pommiers ;
Au Havre, devant l'Atlantique ;
A Venise, à l'affreux Lido,
Où vient sur l'herbe d'un tombeau
Mourir la pâle Adriatique ;

Partout où, sous ces vastes cieux,
J'ai lassé mon cœur et mes yeux
Saignant d'une éternelle plaie ;
Partout où le boiteux Ennui,
Traînant ma fatigue après lui,
M'a promené sur une claie ;

Partout où, sans cesse altéré
De la soif d'un monde ignoré,
J'ai suivi l'ombre de mes songes ;
Partout où, sans avoir vécu,
J'ai revu ce que j'avais vu,
La face humaine et ses mensonges ;

Partout où, le long des chemins,
J'ai posé mon front dans mes mains,
Et sangloté comme une femme ;
Partout où j'ai, comme un mouton
Qui laisse sa laine au buisson,
Senti se dénuer mon âme ;

Partout où j'ai voulu dormir,
Partout où j'ai voulu mourir,
Partout où j'ai touché la terre,
Sur ma route est venu s'asseoir
Un malheureux vêtu de noir,
Qui me ressemblait comme un frère.

Qui donc es-tu, toi que dans cette vie
   Je vois toujours sur mon chemin ?
Je ne puis croire, à ta mélancolie,
   Que tu sois mon mauvais destin.
Ton doux sourire a trop de patience,
   Tes larmes ont trop de pitié.
En te voyant, j'aime la Providence.
Ta douleur même est sœur de ma souffrance ;
   Elle ressemble à l'Amitié.

Qui donc es-tu? — Tu n'es pas mon bon ange;
 Jamais tu ne viens m'avertir.
Tu vois mes maux (c'est une chose étrange!)
 Et tu me regardes souffrir.
Depuis vingt ans tu marches dans ma voie,
 Et je ne saurais t'appeler.
Qui donc es-tu, si c'est Dieu qui t'envoie?
Tu me souris sans partager ma joie,
 Tu me plains sans me consoler!

Ce soir encor je t'ai vu m'apparaître.
 C'était par une triste nuit.
L'aile des vents battait à ma fenêtre;
 J'étais seul, courbé sur mon lit.
J'y regardais une place chérie,
 Tiède encor d'un baiser brûlant;
Et je songeais comme la femme oublie,
Et je sentais un lambeau de ma vie,
 Qui se déchirait lentement.

Je rassemblais des lettres de la veille,
 Des cheveux, des débris d'amour.
Tout ce passé me criait à l'oreille
 Ses éternels serments d'un jour.
Je contemplais ces reliques sacrées,
 Qui me faisaient trembler la main,
Larmes du cœur par le cœur dévorées,
Et que les yeux qui les avaient pleurées
 Ne reconnaîtront plus demain!

LA NUIT DE DÉCEMBRE.

J'enveloppais dans un morceau de bure
    Ces ruines des jours heureux.
Je me disais qu'ici-bas ce qui dure,
    C'est une mèche de cheveux.
Comme un plongeur dans une mer profonde,
    Je me perdais dans tant d'oubli.
De tous côtés j'y retournais la sonde,
Et je pleurais, seul, loin des yeux du monde,
    Mon pauvre amour enseveli.

J'allais poser le sceau de cire noire
    Sur ce fragile et cher trésor.
J'allais le rendre, et n'y pouvant pas croire,
    En pleurant j'en doutais encor.
Ah! faible femme, orgueilleuse insensée,
    Malgré toi, tu t'en souviendras!
Pourquoi, grand Dieu! mentir à sa pensée?
Pourquoi ces pleurs, cette gorge oppressée,
    Ces sanglots, si tu n'aimais pas?

Oui, tu languis, tu souffres, et tu pleures;
    Mais ta chimère est entre nous.
Eh bien, adieu! Vous compterez les heures
    Qui me sépareront de vous.
Partez, partez, et dans ce cœur de glace
    Emportez l'orgueil satisfait.
Je sens encor le mien jeune et vivace,
Et bien des maux pourront y trouver place
    Sur le mal que vous m'avez fait.

Partez, partez, la Nature immortelle
    N'a pas tout voulu vous donner.
Ah! pauvre enfant, qui voulez être belle,
    Et ne savez pas pardonner!
Allez, allez, suivez la destinée!
    Qui vous perd n'a pas tout perdu.
Jetez au vent notre amour consumée ; —
Éternel Dieu ! toi que j'ai tant aimée,
    Si tu pars, pourquoi m'aimes-tu?

—Mais tout à coup j'ai vu dans la nuit sombre
    Une forme glisser sans bruit
Sur mon rideau j'ai vu passer une ombre :
    Elle vient s'asseoir sur mon lit.
Qui donc es-tu, morne et pâle visage,
    Sombre portrait vêtu de noir?
Que me veux-tu, triste oiseau de passage?
Est-ce un vain rêve? est-ce ma propre image
    Que j'aperçois dans ce miroir?

Qui donc es-tu, spectre de ma jeunesse,
    Pèlerin que rien n'a lassé?
Dis-moi pourquoi je te trouve sans cesse
    Assis dans l'ombre où j'ai passé.
Qui donc es-tu, visiteur solitaire,
    Hôte assidu de mes douleurs?
Qu'as-tu donc fait pour me suivre sur terre?
Qui donc es-tu, qui donc es-tu, mon frère,
    Qui n'apparais qu'au jour des pleurs?

LA VISION.

— Ami, notre père est le tien.
Je ne suis ni l'ange gardien,
Ni le mauvais destin des hommes.
Ceux que j'aime, je ne sais pas
De quel côté s'en vont leurs pas
Sur ce peu de fange où nous sommes.

Je ne suis ni dieu ni démon,
Et tu m'as nommé par mon nom
Quand tu m'as appelé ton frère ;
Où tu vas, j'y serai toujours,
Jusques au dernier de tes jours,
Où j'irai m'asseoir sur ta pierre.

Le ciel m'a confié ton cœur.
Quand tu seras dans la douleur,
Viens à moi sans inquiétude,
Je te suivrai sur le chemin ;
Mais je ne puis toucher ta main,
Ami, je suis la Solitude.

Novembre 1835.

LETTRE A LAMARTINE

Lorsque le grand Byron allait quitter Ravenne
Et chercher sur les mers quelque plage lointaine
Où finir en héros son immortel ennui,
Comme il était assis aux pieds de sa maîtresse,
Pâle, et déjà tourné du côté de la Grèce,
Celle qu'il appelait alors sa Guiccioli
Ouvrit un soir un livre où l'on parlait de lui.

Avez-vous de ce temps conservé la mémoire,
Lamartine; et ces vers au prince des proscrits,
Vous souvient-il encor qui les avait écrits?
Vous étiez jeune alors, vous, notre chère gloire!
Vous veniez d'essayer pour la première fois
Ce beau luth éploré qui vibre sous vos doigts.
La Muse que le ciel vous avait fiancée
Sur votre front rêveur cherchait votre pensée,
Vierge craintive encore, amante des lauriers.
Vous ne connaissiez pas, noble fils de la France,
Vous ne connaissiez pas, sinon par sa souffrance,
Ce sublime orgueilleux à qui vous écriviez.
De quel droit osiez-vous l'aborder et le plaindre?

Quel aigle, Ganymède, à ce dieu vous portait?
Pressentiez-vous qu'un jour vous le pourriez atteindre,
Celui qui de si haut alors vous écoutait?
Non, vous aviez vingt ans, et le cœur vous battait.
Vous aviez lu *Lara, Manfred,* et *Le Corsaire,*
Et vous aviez écrit sans essuyer vos pleurs;
Le souffle de Byron vous soulevait de terre,
Et vous alliez à lui, porté par ses douleurs.
Vous appeliez de loin cette âme désolée;
Pour grand qu'il vous parût, vous le sentiez ami,
Et, comme le torrent dans la verte vallée,
L'écho de son génie en vous avait gémi.

Et lui, lui dont l'Europe, encore toute armée,
Écoutait en tremblant les sauvages concerts;
Lui qui depuis dix ans fuyait sa renommée,
Et de sa solitude emplissait l'univers;
Lui, le grand inspiré de la Mélancolie,
Qui, las d'être envié, se changeait en martyr;
Lui, le dernier amant de la pauvre Italie,
Pour son dernier exil s'apprêtant à partir;
Lui qui, rassasié de la grandeur humaine,
Comme un cygne, à son chant sentant sa mort prochaine,
Sur terre autour de lui cherchait pour qui mourir...
Il écouta ces vers que lisait sa maîtresse,
Ce doux salut lointain d'un jeune homme inconnu
Je ne sais si du style il comprit la richesse;
Il laissa dans ses yeux sourire sa tristesse :
Ce qui venait du cœur lui fut le bienvenu.

Poëte, maintenant que ta muse fidèle,
Par ton pudique amour sûre d'être immortelle,
De la verveine en fleur t'a couronné le front,
A ton tour, reçois-moi comme le grand Byron.
De t'égaler jamais je n'ai pas l'espérance ;
Ce que tu tiens du ciel, nul ne me l'a promis,
Mais de ton sort au mien plus grande est la distance,
Meilleur en sera Dieu qui peut nous rendre amis.
Je ne t'adresse pas d'inutiles louanges,
Et je ne songe point que tu me répondras ;
Pour être proposés, ces illustres échanges
Veulent être signés d'un nom que je n'ai pas.
J'ai cru pendant longtemps que j'étais las du monde ;
J'ai dit que je niais, croyant avoir douté,
Et j'ai pris, devant moi, pour une nuit profonde
Mon ombre qui passait pleine de vanité
Poëte, je t'écris pour te dire que j'aime,
Qu'un rayon du soleil est tombé jusqu'à moi,
Et qu'en un jour de deuil et de douleur suprême,
Les pleurs que je versais m'ont fait penser à toi.

Qui de nous, Lamartine, et de notre jeunesse,
Ne sait par cœur ce chant, des amants adoré,
Qu'un soir, au bord d'un lac, tu nous as soupiré ?
Qui n'a lu mille fois, qui ne relit sans cesse
Ces vers mystérieux où parle ta maîtresse,
Et qui n'a sangloté sur ces divins sanglots,
Profonds comme le ciel et purs comme les flots ?
Hélas ! ces longs regrets des amours mensongères,
Ces ruines du temps qu'on trouve à chaque pas,

Ces sillons infinis de lueurs éphémères,
Qui peut se dire un homme, et ne les connaît pas ?
Quiconque aima jamais porte une cicatrice ;
Chacun l'a dans le sein, toujours prête à s'ouvrir ;
Chacun la garde en soi, cher et secret supplice,
Et mieux il est frappé, moins il en veut guérir.
Te le dirai-je, à toi, chantre de la souffrance,
Que ton glorieux mal, je l'ai souffert aussi ?
Qu'un instant, comme toi, devant ce ciel immense,
J'ai serré dans mes bras la vie et l'espérance,
Et qu'ainsi que le tien, mon rêve s'est enfui ?
Te dirai-je qu'un soir, dans la brise embaumée,
Endormi, comme toi, dans la paix du bonheur,
Aux célestes accents d'une voix bien-aimée,
J'ai cru sentir le temps s'arrêter dans mon cœur ?
Te dirai-je qu'un soir, resté seul sur la terre,
Dévoré, comme toi, d'un affreux souvenir,
Je me suis étonné de ma propre misère,
Et de ce qu'un enfant peut souffrir sans mourir ?
Ah ! ce que j'ai senti dans cet instant terrible,
Oserai-je m'en plaindre et te le raconter ?
Comment exprimerai-je une peine indicible ?
Après toi, devant toi, puis-je encor le tenter ?
Oui, de ce jour fatal, plein d'horreur et de charmes,
Je veux fidèlement te faire le récit ;
Ce ne sont pas des chants, ce ne sont que des larmes,
Et je ne te dirai que ce que Dieu m'a dit.

Lorsque le laboureur, regagnant sa chaumière,
Trouve le soir son champ rasé par le tonnerre,

Il croit d'abord qu'un rêve a fasciné ses yeux,
Et, doutant de lui-même, interroge les cieux.
Partout la nuit est sombre, et la terre enflammée.
Il cherche autour de lui la place accoutumée
Où sa femme l'attend sur le seuil entr'ouvert ;
Il voit un peu de cendre au milieu d'un désert.
Ses enfants demi-nus sortent de la bruyère,
Et viennent lui conter comme leur pauvre mère
Est morte sous le chaume avec des cris affreux ;
Mais maintenant au loin tout est silencieux
Le misérable écoute, et comprend sa ruine.
Il serre, désolé, ses fils sur sa poitrine ;
Il ne lui reste plus, s'il ne tend pas la main,
Que la faim pour ce soir et la mort pour demain
Pas un sanglot ne sort de sa gorge oppressée ;
Muet et chancelant, sans force et sans pensée,
Il s'assoit à l'écart, les yeux sur l'horizon,
Et, regardant s'enfuir sa moisson consumée,
Dans les noirs tourbillons de l'épaisse fumée
L'ivresse du malheur emporte sa raison.

Tel, lorsque, abandonné d'une infidèle amante,
Pour la première fois j'ai connu la douleur,
Transpercé tout à coup d'une flèche sanglante,
Seul, je me suis assis dans la nuit de mon cœur.
Ce n'était pas au bord d'un lac au flot limpide,
Ni sur l'herbe fleurie au penchant des coteaux ;
Mes yeux noyés de pleurs ne voyaient que le vide,
Mes sanglots étouffés n'éveillaient point d'échos.
C'était dans une rue obscure et tortueuse

De cet immense égout qu'on appelle Paris ;
Autour de moi criait cette foule railleuse
Qui des infortunés n'entend jamais les cris.
Sur le pavé noirci les blafardes lanternes
Versaient un jour douteux plus triste que la nuit,
Et, suivant au hasard ces feux vagues et ternes,
L'homme passait dans l'ombre, allant où va le bruit.
Partout retentissait comme une joie étrange ;
C'était en février, au temps du carnaval.
Les masques avinés, se croisant dans la fange,
S'accostaient d'une injure ou d'un refrain banal.
Dans un carrosse ouvert une troupe entassée
Paraissait par moments sous le ciel pluvieux,
Puis se perdait au loin dans la ville insensée,
Hurlant un hymne impur sous la résine en feux.
Cependant des vieillards, des enfants et des femmes
Se barbouillaient de lie au fond des cabarets,
Tandis que de la nuit les prêtresses infâmes
Promenaient çà et là leurs spectres inquiets.
On eût dit un portrait de la débauche antique,
Un de ces soirs fameux chers au peuple romain,
Où des temples secrets la Vénus impudique
Sortait échevelée, une torche à la main.
Dieu juste ! pleurer seul par une nuit pareille !
O mon unique amour ! que vous avais-je fait ?
Vous m'aviez pu quitter, vous qui juriez la veille
Que vous étiez ma vie, et que Dieu le savait !
Ah ! toi, le savais-tu, froide et cruelle amie,
Qu'à travers cette honte et cette obscurité
J'étais là, regardant de ta lampe chérie,

Comme une étoile au ciel, la tremblante clarté?
Non, tu n'en savais rien, je n'ai pas vu ton ombre;
Ta main n'est pas venue entr'ouvrir ton rideau;
Tu n'as pas regardé si le ciel était sombre;
Tu ne m'as pas cherché dans cet affreux tombeau !

Lamartine, c'est là, dans cette rue obscure,
Assis sur une borne, au fond d'un carrefour,
Les deux mains sur mon cœur, et serrant ma blessure,
Et sentant y saigner un invincible amour;
C'est là, dans cette nuit d'horreur et de détresse,
Au milieu des transports d'un peuple furieux
Qui semblait en passant crier à ma jeunesse :
« Toi qui pleures ce soir, n'as-tu pas ri comme eux? »
C'est là, devant ce mur, où j'ai frappé ma tête.
Où j'ai posé deux fois le fer sur mon sein nu;
C'est là, le croiras-tu? chaste et noble poëte,
Que de tes chants divins je me suis souvenu.

O toi qui sais aimer, réponds, amant d'Elvire,
Comprends-tu que l'on parte et qu'on se dise adieu?
Comprends-tu que ce mot, la main puisse l'écrire,
Et le cœur le signer, et les lèvres le dire,
Les lèvres, qu'un baiser vient d'unir devant Dieu?
Comprends-tu qu'un lien qui, dans l'âme immortelle,
Chaque jour plus profond, se forme à notre insu;
Qui déracine en nous la volonté rebelle,
Et nous attache au cœur son merveilleux tissu;
Un lien tout-puissant dont les nœuds et la trame
Sont plus durs que la roche et que les diamants;

Qui ne craint ni le temps, ni le fer, ni la flamme,
Ni la mort elle-même, et qui fait des amants
Jusque dans le tombeau s'aimer les ossements ;
Comprends-tu que dix ans ce lien nous enlace,
Qu'il ne fasse dix ans qu'un seul être de deux,
Puis tout à coup se brise, et, perdu dans l'espace,
Nous laisse épouvantés d'avoir cru vivre heureux ?

O poëte ! il est dur que la nature humaine,
Qui marche à pas comptés vers une fin certaine,
Doive encor s'y traîner en portant une croix,
Et qu'il faille ici-bas mourir plus d'une fois.
Car de quel autre nom peut s'appeler sur terre
Cette nécessité de changer de misère,
Qui nous fait, jour et nuit, tout prendre et tout quitter,
Si bien que notre temps se passe à convoiter ?
Ne sont-ce pas des morts, et des morts effroyables,
Que tant de changements d'êtres si variables,
Qui se disent toujours fatigués d'espérer,
Et qui sont toujours prêts à se transfigurer ?
Quel tombeau que le cœur, et quelle solitude !
Comment la passion devient-elle habitude,
Et comment se fait-il que, sans y trébucher,
Sur ses propres débris l'homme puisse marcher ?
Il y marche pourtant ; c'est Dieu qui l'y convie.
Il va semant partout et prodiguant sa vie :
Désir, crainte, colère, inquiétude, ennui,
Tout passe et disparaît, tout est fantôme en lui.
Son misérable cœur est fait de telle sorte,
Qu'il faut incessamment qu'une ruine en sorte.

Que la mort soit son terme, il ne l'ignore pas,
Et, marchant à la mort, il meurt à chaque pas.
Il meurt dans ses amis, dans son fils, dans son père,
Il meurt dans ce qu'il pleure et dans ce qu'il espère ;
Et, sans parler des corps qu'il faut ensevelir,
Qu'est-ce donc qu'oublier, si ce n'est pas mourir ?
Ah ! c'est plus que mourir ; c'est survivre à soi-même.
L'âme remonte au ciel quand on perd ce qu'on aime ;
Il ne reste de nous qu'un cadavre vivant ;
Le désespoir l'habite, et le néant l'attend.

Eh bien ! bon ou mauvais, inflexible ou fragile,
Humble ou fier, triste ou gai, mais toujours gémissant,
Cet homme, tel qu'il est, cet être fait d'argile,
Tu l'as vu, Lamartine, et son sang est ton sang.
Son bonheur est le tien ; sa douleur est la tienne ;
Et des maux qu'ici-bas il lui faut endurer,
Pas un qui ne te touche et qui ne t'appartienne ;
Puisque tu sais chanter, ami, tu sais pleurer.
Dis-moi, qu'en penses-tu dans tes jours de tristesse ?
Que t'a dit le malheur, quand tu l'as consulté ?
Trompé par tes amis, trahi par ta maîtresse,
Du ciel et de toi-même as-tu jamais douté ?
Non, Alphonse, jamais. La triste expérience
Nous apporte la cendre et n'éteint pas le feu.
Tu respectes le mal fait par la Providence,
Tu le laisses passer et tu crois à ton Dieu.
Quel qu'il soit, c'est le mien ; il n'est pas deux croyances.
Je ne sais pas son nom ; j'ai regardé les cieux ;
Je sais qu'ils sont à lui, je sais qu'ils sont immenses,

Et que l'immensité ne peut pas être à deux.
J'ai connu, jeune encor, de sévères souffrances;
J'ai vu verdir les bois, et j'ai tenté d'aimer.
Je sais ce que la terre engloutit d'espérances,
Et, pour y recueillir, ce qu'il y faut semer.
Mais ce que j'ai senti, ce que je veux t'écrire,
C'est ce que m'ont appris les anges de douleur;
Je le sais mieux encore et puis mieux te le dire,
Car leur glaive, en entrant, l'a gravé dans mon cœur :

Créature d'un jour qui t'agites une heure,
De quoi viens-tu te plaindre, et qui te fait gémir?
Ton âme t'inquiète, et tu crois qu'elle pleure :
Ton âme est immortelle, et tes pleurs vont tarir.

Tu te sens le cœur pris d'un caprice de femme,
Et tu dis qu'il se brise à force de souffrir.
Tu demandes à Dieu de soulager ton âme :
Ton âme est immortelle, et ton cœur va guérir.

Le regret d'un instant te trouble et te dévore;
Tu dis que le passé te voile l'avenir.
Ne te plains pas d'hier; laisse venir l'aurore :
Ton âme est immortelle, et le temps va s'enfuir.

Ton corps est abattu du mal de ta pensée ;
Tu sens ton front peser et tes genoux fléchir.
Tombe, agenouille-toi, créature insensée :
Ton âme est immortelle, et la mort va venir.

Tes os dans le cercueil vont tomber en poussière,
Ta mémoire, ton nom, ta gloire vont périr,
Mais non pas ton amour, si ton amour t'est chère ;
Ton âme est immortelle et va s'en souvenir.

Février 1836.

LA NUIT D'AOUT.

LA MUSE.

Depuis que le soleil, dans l'horizon immense,
A franchi le Cancer sur son axe enflammé,
Le bonheur m'a quittée, et j'attends en silence
L'heure où m'appellera mon ami bien-aimé.
Hélas! depuis longtemps sa demeure est déserte;
Des beaux jours d'autrefois rien n'y semble vivant.
Seule, je viens encor, de mon voile couverte,
Poser mon front brûlant sur sa porte entr'ouverte,
Comme une veuve en pleurs au tombeau d'un enfant.

LE POETE.

Salut à ma fidèle amie!
Salut, ma gloire et mon amour!
La meilleure et la plus chérie
Est celle qu'on trouve au retour.
L'opinion et l'avarice
Viennent un temps de m'emporter.
Salut, ma mère et ma nourrice!

Salut, salut, consolatrice !
Ouvre tes bras, je viens chanter.

LA MUSE.

Pourquoi, cœur altéré, cœur lassé d'espérance,
T'enfuis-tu si souvent pour revenir si tard ?
Que t'en vas-tu chercher, sinon quelque hasard ?
Et que rapportes-tu, sinon quelque souffrance ?
Que fais-tu loin de moi, quand j'attends jusqu'au jour ?
Tu suis un pâle éclair dans une nuit profonde
Il ne te restera de tes plaisirs du monde
Qu'un impuissant mépris pour notre honnête amour.
Ton cabinet d'étude est vide quand j'arrive ;
Tandis qu'à ce balcon, inquiète et pensive,
Je regarde en rêvant les murs de ton jardin,
Tu te livres dans l'ombre à ton mauvais destin.
Quelque fière beauté te retient dans sa chaîne,
Et tu laisses mourir cette pauvre verveine
Dont les derniers rameaux, en des temps plus heureux,
Devaient être arrosés des larmes de tes yeux.
Cette triste verdure est mon vivant symbole ;
Ami, de ton oubli nous mourrons toutes deux,
Et son parfum léger, comme l'oiseau qui vole,
Avec mon souvenir s'enfuira dans les cieux.

LE POETE.

Quand j'ai passé par la prairie,
J'ai vu, ce soir, dans le sentier,
Une fleur tremblante et flétrie,

Une pâle fleur d'églantier
Un bourgeon vert à côté d'elle
Se balançait sur l'arbrisseau ;
J'y vis poindre une fleur nouvelle ;
La plus jeune était la plus belle :
L'homme est ainsi toujours nouveau.

LA MUSE.

Hélas ! toujours un homme, hélas ! toujours des larmes !
Toujours les pieds poudreux et la sueur au front !
Toujours d'affreux combats et de sanglantes armes ;
Le cœur a beau mentir, la blessure est au fond.
Hélas ! par tous pays, toujours la même vie :
Convoiter, regretter, prendre et tendre la main,
Toujours mêmes acteurs et même comédie,
Et, quoi qu'ait inventé l'humaine hypocrisie,
Rien de vrai là-dessous que le squelette humain.
Hélas ! mon bien-aimé, vous n'êtes plus poëte.
Rien ne réveille plus votre lyre muette ;
Vous vous noyez le cœur dans un rêve inconstant,
Et vous ne savez pas que l'amour de la femme
Change et dissipe en pleurs les trésors de votre âme,
Et que Dieu compte plus les larmes que le sang.

LE POETE.

Quand j'ai traversé la vallée,
Un oiseau chantait sur son nid.
Ses petits, sa chère couvée,
Venaient de mourir dans la nuit.

Cependant il chantait l'aurore ;
O ma Muse ! ne pleurez pas :
A qui perd tout, Dieu reste encore,
Dieu là-haut, l'espoir ici-bas.

LA MUSE.

Et que trouveras-tu, le jour où la misère
Te ramènera seul au paternel foyer ?
Quand tes tremblantes mains essuieront la poussière
De ce pauvre réduit que tu crois oublier,
De quel front viendras-tu, dans ta propre demeure,
Chercher un peu de calme et d'hospitalité ?
Une voix sera là pour crier à toute heure :
Qu'as-tu fait de ta vie et de ta liberté ?
Crois-tu donc qu'on oublie autant qu'on le souhaite ?
Crois-tu qu'en te cherchant tu te retrouveras ?
De ton cœur ou de toi lequel est le poëte ?
C'est ton cœur, et ton cœur ne te répondra pas.
L'amour l'aura brisé ; les passions funestes
L'auront rendu de pierre au contact des méchants ;
Tu n'en sentiras plus que d'effroyables restes,
Qui remueront encor comme ceux des serpents.
O ciel ! qui t'aidera ? que ferai-je moi-même,
Quand celui qui peut tout défendra que je t'aime,
Et quand mes ailes d'or, frémissant malgré moi,
M'emporteront à lui pour me sauver de toi ?
Pauvre enfant ! nos amours n'étaient pas menacées,
Quand dans les bois d'Auteuil, perdu dans tes pensées,
Sous les verts maronniers et les peupliers blancs,
Je t'agaçais le soir en détours nonchalants.

Ah! j'étais jeune alors et nymphe, et les dryades
Entr'ouvraient pour me voir l'écorce des bouleaux,
Et les pleurs qui coulaient durant nos promenades
Tombaient, purs comme l'or, dans le cristal des eaux.
Qu'as-tu fait, mon amant, des jours de ta jeunesse ?
Qui m'a cueilli mon fruit sur mon arbre enchanté ?
Hélas! ta joue en fleur plaisait à la déesse
Qui porte dans ses mains la force et la santé.
De tes yeux insensés les larmes l'ont pâlie ;
Ainsi que ta beauté, tu perdras ta vertu.
Et moi qui t'aimerai comme une unique amie,
Quand les dieux irrités m'ôteront ton génie,
Si je tombe des cieux, que me répondras-tu ?

LE POETE.

Puisque l'oiseau des bois voltige et chante encore
Sous la branche où les œufs sont brisés dans le nid ;
Puisque la fleur des champs entr'ouverte à l'aurore,
Voyant sur la pelouse une autre fleur éclore,
S'incline sans murmure et tombe avec la nuit ;

Puisqu'au fond des forêts, sous les toits de verdure,
On entend le bois mort craquer dans le sentier,
Et puisqu'en traversant l'immortelle nature,
L'homme n'a su trouver de science qui dure,
Que de marcher toujours et toujours oublier ;

Puisque, jusqu'aux rochers, tout se change en poussière ;
Puisque tout meurt ce soir pour revivre demain ;
Puisque c'est un engrais que le meurtre et la guerre ;

Puisque sur une tombe on voit sortir de terre
Le brin d'herbe sacré qui nous donne le pain ;

O Muse ! que m'importe ou la mort ou la vie ?
J'aime, et je veux pâlir ; j'aime, et je veux souffrir ;
J'aime, et pour un baiser je donne mon génie ;
J'aime, et je veux sentir sur ma joue amaigrie
Ruisseler une source impossible à tarir ;

J'aime, et je veux chanter la joie et la paresse,
Ma folle expérience et mes soucis d'un jour,
Et je veux raconter et répéter sans cesse
Qu'après avoir juré de vivre sans maîtresse,
J'ai fait serment de vivre et de mourir d'amour.

Dépouille devant tous l'orgueil qui te dévore,
Cœur gonflé d'amertume et qui t'es cru fermé.
Aime, et tu renaîtras ; fais-toi fleur pour éclore.
Après avoir souffert, il faut souffrir encore ;
Il faut aimer sans cesse, après avoir aimé.

  Août 1836.

A LA MALIBRAN.

STANCES

I

Sans doute il est trop tard pour parler encor d'elle ;
Depuis qu'elle n'est plus quinze jours sont passés,
Et dans ce pays-ci quinze jours, je le sais,
Font d'une mort récente une vieille nouvelle.
De quelque nom d'ailleurs que le regret s'appelle,
L'homme, par tout pays, en a bien vite assez.

II

O Maria-Félicia ! le peintre et le poëte
Laissent, en expirant, d'immortels héritiers ;
Jamais l'affreuse nuit ne les prend tout entiers.
A défaut d'action, leur grande âme inquiète
De la mort et du temps entreprend la conquête,
Et, frappés dans la lutte, ils tombent en guerriers.

III

Celui-là sur l'airain a gravé sa pensée ;
Dans un rhythme doré l'autre l'a cadencée ;
Du moment qu'on l'écoute, on lui devient ami.
Sur sa toile, en mourant, Raphaël l'a laissée ;
Et, pour que le néant ne touche point à lui,
C'est assez d'un enfant sur sa mère endormi.

IV

Comme dans une lampe une flamme fidèle,
Au fond du Parthénon le marbre inhabité
Garde de Phidias la mémoire éternelle,
Et la jeune Vénus, fille de Praxitèle,
Sourit encor, debout dans sa divinité,
Aux siècles impuissants qu'a vaincus sa beauté.

V

Recevant d'âge en âge une nouvelle vie,
Ainsi s'en vont à Dieu les gloires d'autrefois ;
Ainsi le vaste écho de la voix du génie
Devient du genre humain l'universelle voix..
Et de toi, morte hier, de toi, pauvre Marie,
Au fond d'une chapelle il nous reste une croix !

VI

Une croix! et l'oubli, la nuit et le silence!
Écoutez! c'est le vent, c'est l'Océan immense;
C'est un pêcheur qui chante au bord du grand chemin;
Et de tant de beauté, de gloire et d'espérance,
De tant d'accords si doux d'un instrument divin,
Pas un faible soupir, pas un écho lointain!

VII

Une croix, et ton nom écrit sur une pierre,
Non pas même le tien, mais celui d'un époux,
Voilà ce qu'après toi tu laisses sur la terre;
Et ceux qui t'iront voir à ta maison dernière,
N'y trouvant pas ce nom qui fut aimé de nous,
Ne sauront pour prier où poser les genoux.

VIII

O Ninette! où sont-ils, belle muse adorée,
Ces accents pleins d'amour, de charme et de terreur,
Qui voltigeaient le soir sur ta lèvre inspirée,
Comme un parfum léger sur l'aubépine en fleur?
Où vibre maintenant cette voix éplorée,
Cette harpe vivante attachée à ton cœur?

IX

N'était-ce pas hier, fille joyeuse et folle,
Que ta verve railleuse animait Corilla,
Et que tu nous lançais avec la Rosina
La roulade amoureuse et l'œillade espagnole ?
Ces pleurs sur tes bras nus, quand tu chantais *le Saule*,
N'était-ce pas hier, pâle Desdemona ?

X

N'était-ce pas hier qu'à la fleur de ton âge
Tu traversais l'Europe, une lyre à la main ;
Dans la mer, en riant, te jetant à la nage,
Chantant la tarentelle au ciel napolitain,
Cœur d'ange et de lion, libre oiseau de passage,
Espiègle enfant ce soir, sainte artiste demain ?

XI

N'était-ce pas hier qu'enivrée et bénie
Tu traînais à ton char un peuple transporté,
Et que Londre et Madrid, la France et l'Italie,
Apportaient à tes pieds cet or tant convoité,
Cet or deux fois sacré qui payait ton génie,
Et qu'à tes pieds souvent laissa ta charité ?

XII

Qu'as-tu fait pour mourir, ô noble créature,
Belle image de Dieu, qui donnais en chemin
Au riche un peu de joie, au malheureux du pain?
Ah! qui donc frappe ainsi dans la mère nature,
Et quel faucheur aveugle, affamé de pâture,
Sur les meilleurs de nous ose porter la main?

XIII

Ne suffit-il donc pas à l'ange de ténèbres
Qu'à peine de ce temps il nous reste un grand nom?
Que Géricault, Cuvier, Schiller, Gœthe et Byron
Soient endormis d'hier sous les dalles funèbres,
Et que nous ayons vu tant d'autres morts célèbres
Dans l'abîme entr'ouvert suivre Napoléon?

XIV

Nous faut-il perdre encor nos têtes les plus chères,
Et venir en pleurant leur fermer les paupières,
Dès qu'un rayon d'espoir a brillé dans leurs yeux?
Le ciel de ses élus devient-il envieux?
Ou faut-il croire, hélas! ce que disaient nos pères,
Que lorsqu'on meurt si jeune on est aimé des dieux?

XV

Ah ! combien, depuis peu, sont partis pleins de vie !
Sous les cyprès anciens que de saules nouveaux !
La cendre de Robert à peine refroidie,
Bellini tombe et meurt ! — Une lente agonie
Traîne Carrel sanglant à l'éternel repos.
Le seuil de notre siècle est pavé de tombeaux.

XVI

Que nous restera-t-il si l'ombre insatiable,
Dès que nous bâtissons, vient tout ensevelir ?
Nous qui sentons déjà le sol si variable,
Et sur tant de débris marchons vers l'avenir,
Si le vent sous nos pas balaye ainsi le sable,
De quel deuil le Seigneur veut-il donc nous vêtir ?

XVII

Hélas ! Marietta, tu nous restais encore.
Lorsque, sur le sillon, l'oiseau chante à l'aurore,
Le laboureur s'arrête, et, le front en sueur,
Aspire dans l'air pur un souffle de bonheur.
Ainsi nous consolait ta voix fraîche et sonore,
Et tes chants dans les cieux emportaient la douleur.

XVIII

Ce qu'il nous faut pleurer sur ta tombe hâtive,
Ce n'est pas l'art divin, ni ses savants secrets :
Quelque autre étudiera cet art que tu créais ;
C'est ton âme, Ninette, et ta grandeur naïve,
C'est cette voix du cœur qui seule au cœur arrive,
Que nul autre, après toi, ne nous rendra jamais.

XIX

Ah ! tu vivrais encor sans cette âme indomptable.
Ce fut là ton seul mal, et le secret fardeau
Sous lequel ton beau corps plia comme un roseau.
Il en soutint longtemps la lutte inexorable.
C'est le Dieu tout-puissant, c'est la Muse implacable
Qui dans ses bras en feu t'a portée au tombeau.

XX

Que ne l'étouffais-tu, cette flamme brûlante
Que ton sein palpitant ne pouvait contenir !
Tu vivrais, tu verrais te suivre et t'applaudir
De ce public blasé la foule indifférente,
Qui prodigue aujourd'hui sa faveur inconstante
A des gens dont pas un, certes, n'en doit mourir.

XXI

Connaissais-tu si peu l'ingratitude humaine?
Quel rêve as-tu donc fait de te tuer pour eux?
Quelques bouquets de fleurs te rendaient-ils si vaine,
Pour venir nous verser de vrais pleurs sur la scène,
Lorsque tant d'histrions et d'artistes fameux,
Couronnés mille fois, n'en ont pas dans les yeux?

XXII

Que ne détournais-tu la tête pour sourire,
Comme on en use ici quand on feint d'être ému?
Hélas! on t'aimait tant, qu'on n'en aurait rien vu
Quand tu chantais *le Saule,* au lieu de ce délire,
Que ne t'occupais-tu de bien porter ta lyre?
La Pasta fait ainsi : que ne l'imitais-tu?

XXIII

Ne savais-tu donc pas, comédienne imprudente,
Que ces cris insensés qui te sortaient du cœur
De ta joue amaigrie augmentaient la pâleur?
Ne savais-tu donc pas que sur ta tempe ardente
Ta main de jour en jour se posait plus tremblante,
Et que c'est tenter Dieu que d'aimer la douleur?

XXIV

Ne sentais-tu donc pas que ta belle jeunesse
De tes yeux fatigués s'écoulait en ruisseaux,
Et de ton noble cœur s'exhalait en sanglots ?
Quand de ceux qui t'aimaient tu voyais la tristesse,
Ne sentais-tu donc pas qu'une fatale ivresse
Berçait ta vie errante à ses derniers rameaux ?

XXV

Oui, oui, tu le savais, qu'au sortir du théâtre,
Un soir dans ton linceul il faudrait te coucher.
Lorsqu'on te rapportait plus froide que l'albâtre,
Lorsque le médecin, de ta veine bleuâtre,
Regardait goutte à goutte un sang noir s'épancher,
Tu savais quelle main venait de te toucher.

XXVI

Oui, oui, tu le savais, et que, dans cette vie,
Rien n'est bon que d'aimer, n'est vrai que de souffrir.
Chaque soir dans tes chants tu te sentais pâlir.
Tu connaissais le monde, et la foule et l'envie,
Et, dans ce corps brisé concentrant ton génie,
Tu regardais aussi la Malibran mourir.

XXVII

Meurs donc! ta mort est douce et ta tâche est remplie.
Ce que l'homme ici-bas appelle le génie,
C'est le besoin d'aimer; hors de là tout est vain.
Et, puisque tôt ou tard l'amour humain s'oublie,
Il est d'une grande âme et d'un heureux destin
D'expirer comme toi pour un amour divin!

Octobre 1836.

CHANSON DE BARBERINE[1].

Beau chevalier qui partez pour la guerre,
  Qu'allez-vous faire
  Si loin d'ici ?
Voyez-vous pas que la nuit est profonde,
  Et que le monde
  N'est que souci ?

Vous qui croyez qu'une amour délaissée
  De la pensée
  S'enfuit ainsi,
Hélas ! hélas ! chercheur de renommée,
  Votre fumée
  S'envole aussi.

Beau chevalier qui partez pour la guerre,
  Qu'allez-vous faire
  Si loin de nous ?
J'en vais pleurer, moi qui me laissais dire
  Que mon sourire
  Était si doux.

1836.

---

[1]. Voir, dans le recueil des comédies de l'auteur, la pièce intitulée *Barberine*.

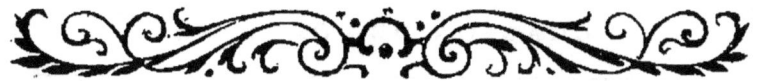

CHANSON DE FORTUNIO[1].

Si vous croyez que je vais dire
    Qui j'ose aimer,
Je ne saurais pour un empire,
    Vous la nommer.

Nous allons chanter à la ronde,
    Si vous voulez,
Que je l'adore et qu'elle est blonde
    Comme les blés.

Je fais ce que sa fantaisie
    Veut m'ordonner,
Et je puis, s'il lui faut ma vie,
    La lui donner.

Du mal qu'une amour ignorée
    Nous fait souffrir,
J'en porte l'âme déchirée
    Jusqu'à mourir.

[1]. Voir, dans le recueil des comédies de l'auteur, la pièce intitulée *Le Chandelier*.

Mais j'aime trop pour que je die
 Qui j'ose aimer,
Et je veux mourir pour ma mie
 Sans la nommer.

1836.

AU ROI.

APRÈS L'ATTENTAT DE MEUNIER.

Prince, les assassins consacrent ta puissance.
Ils forcent Dieu lui-même à nous montrer sa main
Par droit d'élection tu régnais sur la France;
La balle et le poignard te font un droit divin.

De ceux dont le hasard couronna la naissance,
Nous en savons plusieurs qui sont sacrés en vain.
Toi, tu l'es par le peuple et par la Providence :
Souris au parricide, et poursuis ton chemin.

Mais sois prudent, Philippe, et songe à la patrie.
Ta pensée est son bien, ton corps son bouclier;
Sur toi, comme sur elle, il est temps de veiller.

Ferme un immense abîme et conserve ta vie.
Défendons-nous ensemble, et laissons-nous le temps
De vieillir, toi pour nous, et nous pour tes enfants.

Décembre 1836.

A SAINTE-BEUVE.

SUR UN PASSAGE D'UN ARTICLE INSÉRÉ DANS
LA REVUE DES DEUX MONDES.

Ami, tu l'as bien dit : en nous, tant que nous sommes,
Il existe souvent une certaine fleur
Qui s'en va dans la vie et s'effeuille du cœur.
« Il existe, en un mot, chez les trois quarts des hommes,
Un poëte mort jeune à qui l'homme survit. »
Tu l'as bien dit, ami, mais tu l'as trop bien dit.

Tu ne prenais pas garde, en traçant ta pensée,
Que ta plume en faisait un vers harmonieux,
Et que tu blasphémais dans la langue des dieux.
Relis-toi, je te rends à ta Muse offensée ;
Et souviens-toi qu'en nous il existe souvent
Un poëte endormi toujours jeune et vivant.

Juin 1837.

A LYDIE.

TRADUIT D'HORACE (ODE IX, LIVRE III).

HORACE.

Lorsque je t'avais pour amie,
Quand nul jeune garçon, plus robuste que moi,
N'entourait de ses bras ton épaule arrondie,
    Auprès de toi, blanche Lydie,
J'ai vécu plus joyeux et plus heureux qu'un roi.

LYDIE.

Quand pour toi j'étais la plus chère,
Quand Chloé pâlissait auprès de Lydia,
Lydia, qu'on vantait dans l'Italie entière,
    Vécut plus heureuse et plus fière
Que dans les bras d'un dieu la Romaine Ilia.

HORACE.

Chloé me gouverne à présent,
Chloé, savante au luth, habile en l'art du chant;
Le doux son de sa voix de volupté m'enivre.
    Je suis prêt à cesser de vivre
Si, pour la préserver, les dieux voulaient mon sang

LYDIE.

Je me consume maintenant
D'une amoureuse ardeur que rien ne peut éteindre
Pour le fils d'Ornythus, ce bel adolescent.
Je mourrais deux fois sans me plaindre
Si, pour le préserver, les dieux voulaient mon sang.

HORACE.

Eh quoi ! si dans notre pensée
L'ancien amour se rallumait ?
Si, la blonde Chloé de ma maison chassée,
Ma porte se rouvrait ? si Vénus offensée
Au joug d'airain nous ramenait ?

LYDIE

Calaïs, ma richesse unique,
Est plus beau qu'un soleil levant,
Et toi plus léger que le vent,
Plus prompt à t'irriter que l'âpre Adriatique;
Cependant, près de toi, si c'était ton plaisir,
Volontiers j'irais vivre, et volontiers mourir.

1837.

A LYDIE

IMITATION.

HORACE.

Du temps où tu m'aimais, Lydie,
De ses bras nul autre que moi
N'entourait ta gorge arrondie;
J'ai vécu plus heureux qu'un roi.

LYDIE.

Du temps où j'étais ta maîtresse,
Tu me préférais à Chloé;
Je m'endormais à ton côté,
Plus heureuse qu'une déesse.

HORACE.

Chloé me gouverne à présent,
Savante au luth, habile au chant;
La douceur de sa voix m'enivre;
Je suis prêt à cesser de vivre
S'il fallait lui donner mon sang.

LYDIE.

Je me consume maintenant
Pour Calaïs, mon jeune amant,
Qui dans mon cœur a pris ta place.
Je mourrais deux fois, cher Horace,
S'il fallait lui donner mon sang.

HORACE.

Eh quoi ! si dans notre pensée
L'ancien amour se ranimait ?
Si ma blonde était délaissée ?
Si demain Vénus offensée
A ta porte me ramenait ?

LYDIE

Calaïs est jeune et fidèle,
Et toi, poëte, ton désir
Est plus léger que l'hirondelle,
Plus inconstant que le zéphyr ;
Pourtant, s'il t'en prenait envie,
Avec toi j'aimerais la vie,
Avec toi je voudrais mourir.

1837.

A NINON.

Si je vous le disais pourtant, que je vous aime !
Qui sait, brune aux yeux bleus, ce que vous en diriez ?
L'amour, vous le savez, cause une peine extrême ;
C'est un mal sans pitié que vous plaignez vous-même ;
Peut-être cependant que vous m'en puniriez.

Si je vous le disais, que six mois de silence
Cachent de longs tourments et des vœux insensés !
Ninon, vous êtes fine, et votre insouciance
Se plaît, comme une fée, à deviner d'avance ;
Vous me répondriez peut-être : « Je le sais. »

Si je vous le disais, qu'une douce folie
A fait de moi votre ombre et m'attache à vos pas !
Un petit air de doute et de mélancolie,
Vous le savez, Ninon, vous rend bien plus jolie ;
Peut-être diriez-vous que vous n'y croyez pas.

A NINON.

Si je vous le disais, que j'emporte dans l'âme
Jusques aux moindres mots de nos propos du soir !
Un regard offensé, vous le savez, madame,
Change deux yeux d'azur en deux éclairs de flamme ;
Vous me défendriez peut-être de vous voir.

Si je vous le disais, que chaque nuit je veille,
Que chaque jour je pleure et je prie à genoux !
Ninon, quand vous riez, vous savez qu'une abeille
Prendrait pour une fleur votre bouche vermeille ;
Si je vous le disais, peut-être en ririez-vous.

Mais vous n'en saurez rien. — Je viens, sans rien en dire,
M'asseoir sous votre lampe et causer avec vous ;
Votre voix, je l'entends ; votre air, je le respire ;
Et vous pouvez douter, deviner et sourire,
Vos yeux ne verront pas de quoi m'être moins doux.

Je récolte en secret des fleurs mystérieuses :
Le soir, derrière vous, j'écoute au piano
Chanter sur le clavier vos mains harmonieuses,
Et, dans les tourbillons de nos valses joyeuses,
Je vous sens, dans mes bras, plier comme un roseau.

La nuit, quand de si loin le monde nous sépare,
Quand je rentre chez moi pour tirer mes verrous,
De mille souvenirs en jaloux je m'empare ;
Et là, seul devant Dieu, plein d'une joie avare,
J'ouvre, comme un trésor, mon cœur tout plein de vous.

J'aime, et je sais répondre avec indifférence ;
J'aime, et rien ne le dit ; j'aime, et seul je le sais,
Et mon secret m'est cher, et chère ma souffrance ;
Et j'ai fait le serment d'aimer sans espérance,
Mais non pas sans bonheur : — je vous vois, c'est assez

Non, je n'étais pas né pour ce bonheur suprême,
De mourir dans vos bras et de vivre à vos pieds.
Tout me le prouve, hélas ! jusqu'à ma douleur même...
Si je vous le disais pourtant, que je vous aime !
Qui sait, brune aux yeux bleus, ce que vous en diriez?

1837.

LA NUIT D'OCTOBRE.

LE POETE.

Le mal dont j'ai souffert s'est enfui comme un rêve.
Je n'en puis comparer le lointain souvenir
Qu'à ces brouillards légers que l'aurore soulève
Et qu'avec la rosée on voit s'évanouir.

LA MUSE.

Qu'aviez-vous donc, ô mon poëte !
Et quelle est la peine secrète
Qui de moi vous a séparé ?
Hélas ! je m'en ressens encore.
Quel est donc ce mal que j'ignore
Et dont j'ai si longtemps pleuré ?

LE POETE.

C'était un mal vulgaire et bien connu des hommes ;
Mais lorsque nous avons quelque ennui dans le cœur,

Nous nous imaginons, pauvres fous que nous sommes,
Que personne avant nous n'a senti la douleur.

LA MUSE.

Il n'est de vulgaire chagrin
Que celui d'une âme vulgaire.
Ami, que ce triste mystère
S'échappe aujourd'hui de ton sein!
Crois-moi, parle avec confiance;
Le sévère dieu du silence
Est un des frères de la Mort;
En se plaignant on se console,
Et quelquefois une parole
Nous a délivrés d'un remord.

LE POETE.

S'il fallait maintenant parler de ma souffrance,
Je ne sais trop quel nom elle devrait porter,
Si c'est amour, folie, orgueil, expérience,
Ni si personne au monde en pourrait profiter.
Je veux bien toutefois t'en raconter l'histoire,
Puisque nous voilà seuls, assis près du foyer.
Prends cette lyre, approche, et laisse ma mémoire
Au son de tes accords doucement s'éveiller.

LA MUSE.

Avant de me dire ta peine,
O poëte! en es-tu guéri?

Songe qu'il t'en faut aujourd'hui
Parler sans amour et sans haine.
S'il te souvient que j'ai reçu
Le doux nom de consolatrice,
Ne fais pas de moi la complice
Des passions qui t'ont perdu.

LE POETE.

Je suis si bien guéri de cette maladie,
Que j'en doute parfois lorsque j'y veux songer ;
Et quand je pense aux lieux où j'ai risqué ma vie,
J'y crois voir à ma place un visage étranger.
Muse, sois donc sans crainte ; au souffle qui t'inspire
Nous pouvons sans péril tous deux nous confier.
Il est doux de pleurer, il est doux de sourire,
Au souvenir des maux qu'on pourrait oublier.

LA MUSE.

Comme une mère vigilante
Au berceau d'un fils bien-aimé,
Ainsi je me penche tremblante
Sur ce cœur qui m'était fermé.
Parle, ami ! — ma lyre attentive
D'une note faible et plaintive
Suit déjà l'accent de ta voix,
Et dans un rayon de lumière,
Comme une vision légère,
Passent les ombres d'autrefois.

LE POETE.

Jours de travail! seuls jours où j'ai vécu!
 O trois fois chère solitude!
Dieu soit loué, j'y suis donc revenu,
 A ce vieux cabinet d'étude!
Pauvre réduit, murs tant de fois déserts,
 Fauteuils poudreux, lampe fidèle,
O mon palais, mon petit univers,
 Et toi, Muse, ô jeune immortelle,
Dieu soit loué, nous allons donc chanter!
 Oui, je veux vous ouvrir mon âme,
Vous saurez tout, et je vais vous conter
 Le mal que peut faire une femme;
Car c'en est une, ô mes pauvres amis!
 (Hélas! vous le saviez peut-être),
C'est une femme à qui je fus soumis,
 Comme le serf l'est à son maître.
Joug détesté! c'est par là que mon cœur
 Perdit sa force et sa jeunesse; —
Et cependant, auprès de ma maîtresse,
 J'avais entrevu le bonheur.
Près du ruisseau quand nous marchions ensemble,
 Le soir, sur le sable argentin,
Quand devant nous le blanc spectre du tremble
 De loin nous montrait le chemin,
Je vois encore, aux rayons de la lune,
 Ce beau corps plier dans mes bras...
N'en parlons plus... — je ne prévoyais pas
 Où me conduirait la Fortune.

Sans doute alors la colère des dieux
Avait besoin d'une victime ;
Car elle m'a puni comme d'un crime
D'avoir essayé d'être heureux.

LA MUSE.

L'image d'un doux souvenir
Vient de s'offrir à ta pensée.
Sur la trace qu'il a laissée
Pourquoi crains-tu de revenir ?
Est-ce faire un récit fidèle
Que de renier ses beaux jours ?
Si ta fortune fut cruelle,
Jeune homme, fais du moins comme elle,
Souris à tes premiers amours.

LE POETE.

Non, — c'est à mes malheurs que je prétends sourire
Muse, je te l'ai dit : je veux, sans passion,
Te conter mes ennuis, mes rêves, mon délire,
Et t'en dire le temps, l'heure et l'occasion.
C'était, il m'en souvient, par une nuit d'automne,
Triste et froide, à peu près semblable à celle-ci ;
Le murmure du vent, de son bruit monotone,
Dans mon cerveau lassé berçait mon noir souci.
J'étais à la fenêtre, attendant ma maîtresse ;
Et, tout en écoutant dans cette obscurité,

Je me sentais dans l'âme une telle détresse,
Qu'il me vint le soupçon d'une infidélité.
La rue où je logeais était sombre et déserte ;
Quelques ombres passaient, un falot à la main ;
Quand la bise soufflait dans la porte entr'ouverte,
On entendait de loin comme un soupir humain.
Je ne sais, à vrai dire, à quel fâcheux présage
Mon esprit inquiet alors s'abandonna.
Je rappelais en vain un reste de courage,
Et me sentis frémir lorsque l'heure sonna.
Elle ne venait pas. Seul, la tête baissée,
Je regardai longtemps les murs et le chemin, —
Et je ne t'ai pas dit quelle ardeur insensée
Cette inconstante femme allumait en mon sein :
Je n'aimais qu'elle au monde, et vivre un jour sans elle
Me semblait un destin plus affreux que la mort.
Je me souviens pourtant qu'en cette nuit cruelle
Pour briser mon lien je fis un long effort.
Je la nommai cent fois perfide et déloyale,
Je comptai tous les maux qu'elle m'avait causés.
Hélas ! au souvenir de sa beauté fatale,
Quels maux et quels chagrins n'étaient pas apaisés !
Le jour parut enfin. — Las d'une vaine attente,
Sur le bord du balcon je m'étais assoupi ;
Je rouvris la paupière à l'aurore naissante,
Et je laissai flotter mon regard ébloui
Tout à coup, au détour de l'étroite ruelle,
J'entends sur le gravier marcher à petit bruit...
Grand Dieu ! préservez-moi ! je l'aperçois, c'est elle !
Elle entre. — D'où viens-tu ? qu'as-tu fait cette nuit ?

Réponds, que me veux-tu? qui t'amène à cette heure?
Ce beau corps, jusqu'au jour, où s'est-il étendu?
Tandis qu'à ce balcon, seul, je veille et je pleure,
En quel lieu, dans quel lit, à qui souriais-tu?
Perfide! audacieuse! est-il encor possible
Que tu viennes offrir ta bouche à mes baisers?
Que demandes-tu donc? par quelle soif horrible
Oses-tu m'attirer dans tes bras épuisés?
Va-t'en, retire-toi, spectre de ma maîtresse!
Rentre dans ton tombeau, si tu t'en es levé;
Laisse-moi pour toujours oublier ma jeunesse,
Et, quand je pense à toi, croire que j'ai rêvé!

LA MUSE.

Apaise-toi, je t'en conjure;
Tes paroles m'ont fait frémir.
O mon bien-aimé! ta blessure
Est encor prête à se rouvrir.
Hélas! elle est donc bien profonde?
Et les misères de ce monde
Sont si lentes à s'effacer!
Oublie, enfant, et de ton âme
Chasse le nom de cette femme,
Que je ne veux pas prononcer.

LE POETE.

Honte à toi qui la première
M'as appris la trahison,
Et d'horreur et de colère

M'as fait perdre la raison !
Honte à toi, femme à l'œil sombre,
Dont les funestes amours
Ont enseveli dans l'ombre
Mon printemps et mes beaux jours !
C'est ta voix, c'est ton sourire,
C'est ton regard corrupteur,
Qui m'ont appris à maudire
Jusqu'au semblant du bonheur ;
C'est ta jeunesse et tes charmes
Qui m'ont fait désespérer,
Et si je doute des larmes,
C'est que je t'ai vu pleurer.
Honte à toi ! j'étais encore
Aussi simple qu'un enfant ;
Comme une fleur à l'aurore,
Mon cœur s'ouvrait en t'aimant.
Certes, ce cœur sans défense
Put sans peine être abusé ;
Mais lui laisser l'innocence
Était encor plus aisé.
Honte à toi ! tu fus la mère
De mes premières douleurs,
Et tu fis de ma paupière
Jaillir la source des pleurs !
Elle coule, sois-en sûre,
Et rien ne la tarira ;
Elle sort d'une blessure
Qui jamais ne guérira ;
Mais dans cette source amère

Du moins je me laverai,
Et j'y laisserai, j'espère,
Ton souvenir abhorré !

LA MUSE.

Poëte, c'est assez. Auprès d'une infidèle,
Quand ton illusion n'aurait duré qu'un jour,
N'outrage pas ce jour lorsque tu parles d'elle ;
Si tu veux être aimé, respecte ton amour.
Si l'effort est trop grand pour la faiblesse humaine
De pardonner les maux qui nous viennent d'autrui,
Epargne-toi du moins le tourment de la haine ;
A défaut du pardon, laisse venir l'oubli.
Les morts dorment en paix dans le sein de la terre,
Ainsi doivent dormir nos sentiments éteints.
Ces reliques du cœur ont aussi leur poussière ;
Sur leurs restes sacrés ne portons pas les mains.
Pourquoi, dans ce récit d'une vive souffrance,
Ne veux-tu voir qu'un rêve et qu'un amour trompé ?
Est-ce donc sans motif qu'agit la Providence ?
Et crois-tu donc distrait le Dieu qui t'a frappé ?
Le coup dont tu te plains t'a préservé peut-être,
Enfant ; car c'est par là que ton cœur s'est ouvert.
L'homme est un apprenti, la douleur est son maître,
Et nul ne se connaît tant qu'il n'a pas souffert.
C'est une dure loi, mais une loi suprême,
Vieille comme le monde et la fatalité,
Qu'il nous faut du malheur recevoir le baptême,
Et qu'à ce triste prix tout doit être acheté.

Les moissons pour mûrir ont besoin de rosée ;
Pour vivre et pour sentir, l'homme a besoin des pleurs ;
La joie a pour symbole une plante brisée,
Humide encor de pluie et couverte de fleurs.
Ne te disais-tu pas guéri de ta folie ?
N'es-tu pas jeune, heureux, partout le bienvenu,
Et ces plaisirs légers qui font aimer la vie,
Si tu n'avais pleuré, quel cas en ferais-tu ?
Lorsqu'au déclin du jour, assis sur la bruyère,
Avec un vieil ami tu bois en liberté,
Dis-moi, d'aussi bon cœur lèverais-tu ton verre,
Si tu n'avais senti le prix de la gaîté ?
Aimerais-tu les fleurs, les prés et la verdure,
Les sonnets de Pétrarque et le chant des oiseaux,
Michel-Ange et les arts, Shakspeare et la nature,
Si tu n'y retrouvais quelques anciens sanglots ?
Comprendrais-tu des cieux l'ineffable harmonie,
Le silence des nuits, le murmure des flots,
Si quelque part là-bas la fièvre et l'insomnie
Ne t'avaient fait songer à l'éternel repos ?
N'as-tu pas maintenant une belle maîtresse ?
Et, lorsqu'en t'endormant tu lui serres la main,
Le lointain souvenir des maux de ta jeunesse
Ne rend-il pas plus doux son sourire divin ?
N'allez-vous pas aussi vous promener ensemble
Au fond des bois fleuris, sur le sable argentin ?
Et, dans ce vert palais, le blanc spectre du tremble
Ne sait-il plus, le soir, vous montrer le chemin ?
Ne vois-tu pas alors, aux rayons de la lune,
Plier comme autrefois un beau corps dans tes bras ?

Et, si dans le sentier tu trouvais la Fortune,
Derrière elle, en chantant, ne marcherais-tu pas ?
De quoi te plains-tu donc ? L'immortelle espérance
S'est retrempée en toi sous la main du malheur.
Pourquoi veux-tu haïr ta jeune expérience,
Et détester un mal qui t'a rendu meilleur ?
O mon enfant ! plains-la, cette belle infidèle,
Qui fit couler jadis les larmes de tes yeux ;
Plains-la ! c'est une femme, et Dieu t'a fait, près d'elle,
Deviner, en souffrant, le secret des heureux.
Sa tâche fut pénible ; elle t'aimait peut-être ;
Mais le destin voulait qu'elle brisât ton cœur.
Elle savait la vie, et te l'a fait connaître ;
Une autre a recueilli le fruit de ta douleur.
Plains-la ! son triste amour a passé comme un songe ;
Elle a vu ta blessure et n'a pu la fermer.
Dans ses larmes, crois-moi, tout n'était pas mensonge.
Quand tout l'aurait été, plains-la ! tu sais aimer.

LE POETE.

Tu dis vrai : la haine est impie,
Et c'est un frisson plein d'horreur
Quand cette vipère assoupie
Se déroule dans notre cœur.
Écoute-moi donc, ô déesse !
Et sois témoin de mon serment :
Par les yeux bleus de ma maîtresse,
Et par l'azur du firmament ;
Par cette étincelle brillante
Qui de Vénus porte le nom,

Et, comme une perle tremblante,
Scintille au loin sur l'horizon ;
Par la grandeur de la nature,
Par la bonté du Créateur ;
Par la clarté tranquille et pure
De l'astre cher au voyageur ;
Par les herbes de la prairie,
Par les forêts, par les prés verts,
Par la puissance de la vie,
Par la séve de l'univers,
Je te bannis de ma mémoire,
Reste d'un amour insensé,
Mystérieuse et sombre histoire
Qui dormiras dans le passé !
Et toi qui, jadis, d'une amie
Portas la forme et le doux nom,
L'instant suprême où je t'oublie
Doit être celui du pardon.
Pardonnons-nous ; — je romps le charme
Qui nous unissait devant Dieu.
Avec une dernière larme
Reçois un éternel adieu.
— Et maintenant, blonde rêveuse,
Maintenant, Muse, à nos amours !
Dis-moi quelque chanson joyeuse,
Comme au premier temps des beaux jours,
Déjà la pelouse embaumée
Sent les approches du matin ;
Viens éveiller ma bien-aimée
Et cueillir les fleurs du jardin.

Viens voir la nature immortelle
Sortir des voiles du sommeil ;
Nous allons renaître avec elle
Au premier rayon du soleil !

Octobre 1837.

L'ESPOIR EN DIEU.

Tant que mon faible cœur, encor plein de jeunesse,
A ses illusions n'aura pas dit adieu,
Je voudrais m'en tenir à l'antique sagesse
Qui du sobre Épicure a fait un demi-dieu.
Je voudrais vivre, aimer, m'accoutumer aux hommes,
Chercher un peu de joie et n'y pas trop compter,
Faire ce qu'on a fait, être ce que nous sommes,
Et regarder le ciel sans m'en inquiéter.

Je ne puis ; — malgré moi l'infini me tourmente.
Je n'y saurais songer sans crainte et sans espoir ;
Et, quoi qu'on en ait dit, ma raison s'épouvante
De ne pas le comprendre, et pourtant de le voir.
Qu'est-ce donc que ce monde, et qu'y venons-nous faire,
Si, pour qu'on vive en paix, il faut voiler les cieux ?
Passer comme un troupeau, les yeux fixés à terre,
Et renier le reste, est-ce donc être heureux ?
Non, c'est cesser d'être homme et dégrader son âme.
Dans la création le hasard m'a jeté ;
Heureux ou malheureux, je suis né d'une femme,
Et je ne puis m'enfuir hors de l'humanité.

Que faire donc? — « Jouis, dit la raison païenne;
Jouis et meurs; les dieux ne songent qu'à dormir.
— Espère seulement, répond la foi chrétienne;
Le ciel veille sans cesse, et tu ne peux mourir. »
Entre ces deux chemins j'hésite et je m'arrête.
Je voudrais, à l'écart, suivre un plus doux sentier.
« Il n'en existe pas, dit une voix secrète;
En présence du ciel, il faut croire ou nier. »
Je le pense en effet; les âmes tourmentées
Dans l'un et l'autre excès se jettent tour à tour.
Mais les indifférents ne sont que des athées;
Ils ne dormiraient plus s'ils doutaient un seul jour.
Je me résigne donc, et, puisque la matière
Me laisse dans le cœur un désir plein d'effroi,
Mes genoux fléchiront; je veux croire, et j'espère.
Que vais-je devenir, et que veut-on de moi?

Me voilà dans les mains d'un Dieu plus redoutable
Que ne sont à la fois tous les maux d'ici-bas;
Me voilà seul, errant, fragile et misérable,
Sous les yeux d'un témoin qui ne me quitte pas.
Il m'observe, il me suit. Si mon cœur bat trop vite,
J'offense sa grandeur et sa divinité.
Un gouffre est sous mes pas : si je m'y précipite,
Pour expier une heure il faut l'éternité.
Mon juge est un bourreau qui trompe sa victime.
Pour moi, tout devient piége et tout change de nom;
L'amour est un péché, le bonheur est un crime,
Et l'œuvre des sept jours n'est que tentation.
Je ne garde plus rien de la nature humaine;

Il n'existe pour moi ni vertu ni remord.
J'attends la récompense et j'évite la peine ;
Mon seul guide est la peur, et mon seul but la mort.

On me dit cependant qu'une joie infinie
Attend quelques élus. — Où sont-ils, ces heureux ?
Si vous m'avez trompé, me rendrez-vous la vie ?
Si vous m'avez dit vrai, m'ouvrirez-vous les cieux ?
Hélas ! ce beau pays dont parlaient vos prophètes,
S'il existe là-haut, ce doit être un désert.
Vous les voulez trop purs, les heureux que vous faites,
Et quand leur joie arrive, ils en ont trop souffert.
Je suis seulement homme, et ne veux pas moins être,
Ni tenter davantage. — A quoi donc m'arrêter ?
Puisque je ne puis croire aux promesses du prêtre,
Est-ce l'indifférent que je vais consulter ?

Si mon cœur, fatigué du rêve qui l'obsède,
A la réalité revient pour s'assouvir,
Au fond des vains plaisirs que j'appelle à mon aide
Je trouve un tel dégoût, que je me sens mourir.
Aux jours même où parfois la pensée est impie,
Où l'on voudrait nier pour cesser de douter,
Quand je posséderais tout ce qu'en cette vie
Dans ses vastes désirs l'homme peut convoiter ;
Donnez-moi le pouvoir, la santé, la richesse,
L'amour même, l'amour, le seul bien d'ici-bas !
Que la blonde Astarté, qu'idolâtrait la Grèce,
De ses îles d'azur sorte en m'ouvrant les bras !
Quand je pourrais saisir dans le sein de la terre

Les secrets éléments de sa fécondité,
Transformer à mon gré la vivace matière,
Et créer pour moi seul une unique beauté ;
Quand Horace, Lucrèce et le vieil Épicure,
Assis à mes côtés, m'appelleraient heureux,
Et quand ces grands amants de l'antique nature
Me chanteraient la joie et le mépris des dieux,
Je leur dirais à tous : « Quoi que nous puissions faire,
Je souffre, il est trop tard ; le monde s'est fait vieux.
Une immense espérance a traversé la terre ;
Malgré nous vers le ciel il faut lever les yeux ! »

Que me reste-t-il donc ? Ma raison révoltée
Essaye en vain de croire et mon cœur de douter.
Le chrétien m'épouvante, et ce que dit l'athée,
En dépit de mes sens, je ne puis l'écouter.
Les vrais religieux me trouveront impie,
Et les indifférents me croiront insensé.
A qui m'adresserai-je, et quelle voix amie
Consolera ce cœur que le doute a blessé ?

Il existe, dit-on, une philosophie
Qui nous explique tout sans révélation,
Et qui peut nous guider à travers cette vie
Entre l'indifférence et la religion.
J'y consens. — Où sont-ils, ces faiseurs de systèmes,
Qui savent, sans la foi, trouver la vérité,
Sophistes impuissants qui ne croient qu'en eux-mêmes ?
Quels sont leurs arguments et leur autorité ?
L'un me montre ici-bas deux principes en guerre,

Qui, vaincus tour à tour, sont tous deux immortels[1];
L'autre découvre au loin, dans le ciel solitaire,
Un inutile Dieu qui ne veut pas d'autels[2].
Je vois rêver Platon et penser Aristote ;
J'écoute, j'applaudis et poursuis mon chemin.
Sous les rois absolus je trouve un Dieu despote ;
On nous parle aujourd'hui d'un Dieu républicain.
Pythagore et Leibnitz transfigurent mon être.
Descartes m'abandonne au sein des tourbillons.
Montaigne s'examine, et ne peut se connaître.
Pascal fuit en tremblant ses propres visions.
Pyrrhon me rend aveugle, et Zénon insensible.
Voltaire jette à bas tout ce qu'il voit debout.
Spinosa, fatigué de tenter l'impossible,
Cherchant en vain son Dieu, croit le trouver partout.
Pour le sophiste anglais l'homme est une machine[3]
Enfin sort des brouillards un rhéteur allemand[4]
Qui, du philosophisme achevant la ruine,
Déclare le ciel vide, et conclut au néant.

Voilà donc les débris de l'humaine science !
Et, depuis cinq mille ans qu'on a toujours douté,
Après tant de fatigue et de persévérance,
C'est là le dernier mot qui nous en est resté !
Ah ! pauvres insensés, misérables cervelles,

1. Système des Manichéens.
2. Le théisme.
3. Locke.
4. Kant.

Qui de tant de façons avez tout expliqué,
Pour aller jusqu'aux cieux il vous fallait des ailes;
Vous aviez le désir, la foi vous a manqué.
Je vous plains; votre orgueil part d'une âme blessée.
Vous sentiez les tourments dont mon cœur est rempli,
Et vous la connaissiez, cette amère pensée
Qui fait frissonner l'homme en voyant l'infini.
Eh bien, prions ensemble, — abjurons la misère
De vos calculs d'enfants, de tant de vains travaux.
Maintenant que vos corps sont réduits en poussière,
J'irai m'agenouiller pour vous sur vos tombeaux.
Venez, rhéteurs païens, maîtres de la science,
Chrétiens des temps passés, et rêveurs d'aujourd'hui;
Croyez-moi, la prière est un cri d'espérance!
Pour que Dieu nous réponde, adressons-nous à lui.
Il est juste, il est bon; sans doute il vous pardonne.
Tous vous avez souffert, le reste est oublié;
Si le ciel est désert, nous n'offensons personne;
Si quelqu'un nous entend, qu'il nous prenne en pitié!

    O toi que nul n'a pu connaître,
    Et n'a renié sans mentir,
    Réponds-moi, toi qui m'as fait naître,
    Et demain me feras mourir!

    Puisque tu te laisses comprendre,
    Pourquoi fais-tu douter de toi?
    Quel triste plaisir peux-tu prendre
    A tenter notre bonne foi?

Dès que l'homme lève la tête,
Il croit t'entrevoir dans les cieux ;
La création, sa conquête,
N'est qu'un vaste temple à ses yeux.

Dès qu'il redescend en lui-même,
Il t'y trouve ; tu vis en lui.
S'il souffre, s'il pleure, s'il aime,
C'est son Dieu qui le veut ainsi.

De la plus noble intelligence
La plus sublime ambition
Est de prouver ton existence,
Et de faire épeler ton nom.

De quelque façon qu'on t'appelle,
Brahma, Jupiter ou Jésus,
Vérité, Justice éternelle,
Vers toi tous les bras sont tendus.

Le dernier des fils de la terre
Te rend grâce du fond du cœur
Dès qu'il se mêle à sa misère
Une apparence de bonheur.

Le monde entier te glorifie ;
L'oiseau te chante sur son nid ;
Et pour une goutte de pluie
Des milliers d'êtres t'ont béni.

Tu n'as rien fait qu'on ne l'admire ;
Rien de toi n'est perdu pour nous ;
Tout prie, et tu ne peux sourire,
Que nous ne tombions à genoux.

Pourquoi donc, ô Maître suprême,
As-tu créé le mal si grand,
Que la raison, la vertu même,
S'épouvantent en le voyant ?

Lorsque tant de choses sur terre
Proclament la Divinité,
Et semblent attester d'un père
L'amour, la force et la bonté,

Comment, sous la sainte lumière,
Voit-on des actes si hideux,
Qu'ils font expirer la prière
Sur les lèvres du malheureux ?

Pourquoi, dans ton œuvre céleste,
Tant d'éléments si peu d'accord ?
A quoi bon le crime et la peste ?
O Dieu juste ! pourquoi la mort ?

Ta pitié dut être profonde,
Lorsqu'avec ses biens et ses maux,
Cet admirable et pauvre monde
Sortit en pleurant du chaos !

Puisque tu voulais le soumettre
Aux douleurs dont il est rempli,
Tu n'aurais pas dû lui permettre
De t'entrevoir dans l'infini.

Pourquoi laisser notre misère
Rêver et deviner un Dieu?
Le doute a désolé la terre;
Nous en voyons trop ou trop peu.

Si ta chétive créature
Est indigne de t'approcher,
Il fallait laisser la nature
T'envelopper et te cacher.

Il te resterait ta puissance,
Et nous en sentirions les coups;
Mais le repos et l'ignorance
Auraient rendu nos maux plus doux.

Si la souffrance et la prière
N'atteignent pas ta majesté,
Garde ta grandeur solitaire,
Ferme à jamais l'immensité.

Mais si nos angoisses mortelles
Jusqu'à toi peuvent parvenir;
Si, dans les plaines éternelles,
Parfois tu nous entends gémir,

Brise cette voûte profonde
Qui couvre la création;
Soulève les voiles du monde,
Et montre-toi, Dieu juste et bon!

Tu n'apercevras sur la terre
Qu'un ardent amour de la foi,
Et l'humanité tout entière
Se prosternera devant toi.

Les larmes qui l'ont épuisée
Et qui ruissellent de ses yeux,
Comme une légère rosée,
S'évanouiront dans les cieux.

Tu n'entendras que tes louanges,
Qu'un concert de joie et d'amour,
Pareil à celui dont tes anges
Remplissent l'éternel séjour;

Et dans cet hosanna suprême,
Tu verras, au bruit de nos chants,
S'enfuir le doute et le blasphème,
Tandis que la Mort elle-même
Y joindra ses derniers accents.

Février 1838.

A LA MI-CARÊME.

I

Le carnaval s'en va, les roses vont éclore;
Sur les flancs des coteaux déjà court le gazon.
Cependant du plaisir la frileuse saison
Sous ses grelots légers rit et voltige encore,
Tandis que, soulevant les voiles de l'aurore,
Le Printemps inquiet paraît à l'horizon.

II

Du pauvre mois de mars il ne faut pas médire,
Bien que le laboureur le craigne justement;
L'univers y renaît; il est vrai que le vent,
La pluie et le soleil s'y disputent l'empire.
Qu'y faire? Au temps des fleurs, le monde est un enfant;
C'est sa première larme et son premier sourire.

III

C'est dans le mois de mars que tente de s'ouvrir
L'anémone sauvage aux corolles tremblantes.
Les femmes et les fleurs appellent le zéphyr;
Et du fond des boudoirs les belles indolentes,
Balançant mollement leurs tailles nonchalantes,
Sous les vieux marronniers commencent à venir:

IV

C'est alors que les bals, plus joyeux et plus rares,
Prolongent plus longtemps leurs dernières fanfares;
A ce bruit qui nous quitte, on court avec ardeur;
La valseuse se livre avec plus de langueur;
Les yeux sont plus hardis, les lèvres moins avares.
La lassitude enivre, et l'amour vient au cœur.

V

S'il est vrai qu'ici-bas l'adieu de ce qu'on aime
Soit un si doux chagrin qu'on en voudrait mourir,
C'est dans le mois de mars, c'est à la mi-carême
Qu'au sortir d'un souper, un enfant du plaisir
Sur la valse et l'amour devrait faire un poëme,
Et saluer gaîment ses dieux prêts à partir.

VI

Mais qui saura chanter tes pas pleins d'harmonie,
Et tes secrets divins, du vulgaire ignorés,
Belle Nymphe allemande aux brodequins dorés?
O Muse de la valse! ô fleur de poésie!
Où sont, de notre temps, les buveurs d'ambroisie
Dignes de s'étourdir dans tes bras adorés?

VII

Quand, sur le Cithéron, la Bacchanale antique
Des filles de Cadmus dénouait les cheveux,
On laissait la beauté danser devant les dieux;
Et si quelque profane, au son de la musique,
S'élançait dans les chœurs, la prêtresse impudique
De son thyrse de fer frappait l'audacieux.

VIII

Il n'en est pas ainsi dans nos fêtes grossières;
Les vierges aujourd'hui se montrent moins sévères,
Et se laissent toucher sans grâce et sans fierté.
Nous ouvrons à qui veut nos quadrilles vulgaires;
Nous perdons le respect qu'on doit à la beauté,
Et nos plaisirs bruyants font fuir la volupté.

IX

Tant que régna chez nous le menuet gothique,
D'observer la mesure on se souvint encor.
Nos pères la gardaient aux jours de thermidor,
Lorsqu'au bruit des canons dansait la République,
Lorsque la Tallien, soulevant sa tunique,
Faisait de ses pieds nus craquer ses anneaux d'or.

X

Autres temps, autres mœurs ; le rhythme et la cadence
Ont suivi les hasards et la commune loi.
Pendant que l'univers, ligué contre la France,
S'épuisait de fatigue à lui donner un roi,
La valse d'un coup d'aile a détrôné la danse.
Si quelqu'un s'en est plaint, certes, ce n'est pas moi.

XI

Je voudrais seulement, puisqu'elle est notre hôtesse,
Qu'on sût mieux honorer cette jeune déesse.
Je voudrais qu'à sa voix on pût régler nos pas,
Ne pas voir profaner une si douce ivresse,
Froisser d'un si beau sein les contours délicats,
Et le premier venu l'emporter dans ses bras.

XII

C'est notre barbarie et notre indifférence
Qu'il nous faut accuser; notre esprit inconstant
Se prend de fantaisie et vit de changement;
Mais le désordre même a besoin d'élégance;
Et je voudrais du moins qu'une duchesse, en France,
Sût valser aussi bien qu'un bouvier allemand.

Mars 1838.

A UNE FLEUR.

Que me veux-tu, chère fleurette,
Aimable et charmant souvenir?
Demi-morte et demi-coquette,
Jusqu'à moi qui te fait venir?

Sous ce cachet enveloppée,
Tu viens de faire un long chemin.
Qu'as-tu vu? que t'a dit la main
Qui sur le buisson t'a coupée?

N'es-tu qu'une herbe desséchée
Qui vient achever de mourir?
Ou ton sein, prêt à refleurir,
Renferme-t-il une pensée?

Ta fleur, hélas! a la blancheur
De la désolante innocence;
Mais de la craintive espérance
Ta feuille porte la couleur.

As-tu pour moi quelque message ?
Tu peux parler, je suis discret.
Ta verdure est-elle un secret ?
Ton parfum est-il un langage ?

S'il en est ainsi, parle bas,
Mystérieuse messagère ;
S'il n'en est rien, ne réponds pas ;
Dors sur mon cœur, fraîche et légère.

Je connais trop bien cette main
Pleine de grâce et de caprice,
Qui d'un brin de fil souple et fin
A noué ton pâle calice.

Cette main-là, petite fleur,
Ni Phidias ni Praxitèle
N'en auraient pu trouver la sœur
Qu'en prenant Vénus pour modèle.

Elle est blanche, elle est douce et belle,
Franche, dit-on, et plus encor ;
A qui saurait s'emparer d'elle
Elle peut ouvrir un trésor.

Mais elle est sage, elle est sévère;
Quelque mal pourrait m'arriver.
Fleurette, craignons sa colère,
Ne dis rien, laisse-moi rêver.

1838.

LE FILS DU TITIEN.

SONNET[1].

Lorsque j'ai lu Pétrarque, étant encore enfant,
J'ai souhaité d'avoir quelque gloire en partage.
Il aimait en poëte et chantait en amant;
De la langue des dieux lui seul sut faire usage.

Lui seul eut le secret de saisir au passage
Les battements du cœur qui durent un moment;
Et, riche d'un sourire, il en gravait l'image
Du bout d'un stylet d'or sur un pur diamant.

O vous qui m'adressez une parole amie,
Qui l'écriviez hier, et l'oublierez demain,
Souvenez-vous de moi qui vous en remercie.

J'ai le cœur de Pétrarque, et n'ai point son génie;
Je ne puis ici-bas que donner en chemin
Ma main à qui m'appelle, à qui m'aime ma vie.

3 mai 1838.

1. Voir, pour ce sonnet et le suivant, dans le recueil des NOUVELLES de l'auteur, celle intitulée : *Le Fils du Titien*.

SONNET.

Béatrix Donato fut le doux nom de celle
Dont la forme terrestre eut ce divin contour.
Dans sa blanche poitrine était un cœur fidèle,
Et dans son corps sans tache un esprit sans détour.

Le fils du Titien, pour la rendre immortelle,
Fit ce portrait, témoin d'un mutuel amour ;
Puis il cessa de peindre à compter de ce jour,
Ne voulant de sa main illustrer d'autre qu'elle.

Passant, qui que tu sois, si ton cœur sait aimer,
Regarde ma maîtresse avant de me blâmer,
Et dis si, par hasard, la tienne est aussi belle.

Vois donc combien c'est peu que la gloire ici-bas,
Puisque, tout beau qu'il est, ce portrait ne vaut pas
(Crois-moi sur ma parole) un baiser du modèle.

1838.

DUPONT ET DURAND.

DIALOGUE.

DURAND.

Mânes de mes aïeux, quel embarras mortel !
J'invoquerais un dieu, si je savais lequel.
Voilà bientôt trente ans que je suis sur la terre,
Et j'en ai passé dix à chercher un libraire.
Pas un être vivant n'a lu mes manuscrits,
Et seul dans l'univers je connais mes écrits !

DUPONT.

Par l'ombre de Brutus, quelle fâcheuse affaire !
Mon ventre est plein de cidre et de pommes de terre.
J'en ai l'âme engourdie, et, pour me réveiller,
Personne à qui parler des œuvres de Fourier !
En quel temps vivons-nous ? Quel dîner déplorable !

DURAND.

Que vois-je donc là-bas ? Quel est ce pauvre diable
Qui dans ses doigts transis souffle avec désespoir,
Et rôde en grelottant sous un mince habit noir ?
J'ai vu chez Flicoteau ce piteux personnage.

DUPONT.

Je ne me trompe pas. Ce morne et plat visage,
Cet œil sombre et penaud, ce front préoccupé,
Sur ces longs cheveux gras ce grand chapeau râpé...
C'est mon ami Durand, mon ancien camarade.

DURAND.

Est-ce toi, cher Dupont? Mon fidèle Pylade,
Ami de ma jeunesse, approche, embrassons-nous.
Tu n'es donc pas encore à l'hôpital des fous?
J'ai cru que tes parents t'avaient mis à Bicêtre.

DUPONT

Parle bas. J'ai sauté ce soir par la fenêtre,
Et je cours en cachette écrire un feuilleton.
Mais toi, tu n'as donc pas ton lit à Charenton?
L'on m'avait dit pourtant que ton rare génie...

DURAND.

Ah! Dupont, que le monde aime la calomnie!
Quel ingrat animal que ce sot genre humain,
Et que l'on a de peine à faire son chemin!

DUPONT.

Frère, à qui le dis-tu? Dans le siècle où nous sommes,
Je n'ai que trop connu ce que valent les hommes.
Le monde, chaque jour, devient plus entêté,
Et tombe plus avant dans l'imbécillité.

DURAND.

Te souvient-il, Dupont, des jours de notre enfance,
Lorsque, riches d'orgueil et pauvres de science,
Rossés par un sous-maître et toujours paresseux,
Dans la crasse et l'oubli nous dormions tous les deux?
Que ces jours bienheureux sont chers à ma mémoire!

DUPONT.

Paresseux! tu l'as dit. Nous l'étions avec gloire;
Ignorants, Dieu le sait! Ce que j'ai fait depuis
A montré clairement si j'avais rien appris.
Mais quelle douce odeur avait le réfectoire!
Ah! dans ce temps du moins je pus manger et boire!
Courbé sur mon pupitre, en secret je lisais
Des bouquins de rebut achetés au rabais.
Barnave et Desmoulins m'ont valu des férules;
De l'aimable Saint-Just les touchants opuscules
Reposaient sur mon cœur, et je tendais la main
Avec la dignité d'un sénateur romain.
Tu partageas mon sort, tu manquas tes études.

DURAND.

Il est vrai, le génie a ses vicissitudes.
Mon crâne ossianique, aux lauriers destiné,
Du bonnet d'âne alors fut parfois couronné.
Mais l'on voyait déjà ce dont j'étais capable.
J'avais d'écrivailler une rage incurable;
Honni de nos pareils, moulu de coups de poing,
Je rimais à l'écart, accroupi dans un coin.
Dès l'âge de quinze ans, sachant à peine lire,
Je dévorais Schiller, Dante, Gœthe, Shakspeare;
Le front me démangeait en lisant leurs écrits.
Quant à ces polissons qu'on admirait jadis,
Tacite, Cicéron, Virgile, Horace, Homère,
Nous savons, Dieu merci! quel cas on en peut faire.
Dans les secrets de l'art prompte à m'initier,
Ma muse, en bégayant, tentait de plagier;
J'adorais tour à tour l'Angleterre et l'Espagne,

L'Italie, et surtout l'emphatique Allemagne.
Que n'eussé-je pas fait pour savoir le patois
Que le savetier Sachs mit en gloire autrefois !
J'aurais certainement produit un grand ouvrage.
Mais, forcé de parler notre ignoble langage,
J'ai du moins fait serment, tant que j'existerais,
De ne jamais écrire un livre en bon français ;
Tu me connais, tu sais si j'ai tenu parole.

DUPONT.

Quand arrive l'hiver, l'hirondelle s'envole ;
Ainsi s'est envolé le trop rapide temps
Où notre ventre à jeun put compter sur nos dents.
Quels beaux croûtons de pain coupait la ménagère !

DURAND.

N'en parlons plus ; ce monde est un lieu de misère.
Sois franc, je t'en conjure, et dis-moi ton destin.
Que fis-tu tout d'abord loin du quartier latin ?

DUPONT.

Quand ?

DURAND.

Lorsqu'à dix-neuf ans tu sortis du collége.

DUPONT.

Ce que je fis ?

DURAND.

Oui, parle.

DUPONT.

Eh ! mon ami, qu'en sais-je ?
J'ai fait ce que l'oiseau fait en quittant son nid,
Ce que put le hasard et ce que Dieu permit.

DURAND.

Mais encor?

DUPONT.

  Rien du tout. J'ai flâné dans les rues,
J'ai marché devant moi, libre, bayant aux grues;
Mal nourri, peu vêtu, couchant dans un grenier,
Dont je déménageais dès qu'il fallait payer;
De taudis en taudis colportant ma misère,
Ruminant de Fourier le rêve humanitaire,
Empruntant çà et là le plus que je pouvais,
Dépensant un écu sitôt que je l'avais,
Délayant de grands mots en phrases insipides,
Sans chemise et sans bas, et les poches si vides,
Qu'il n'est que mon esprit au monde d'aussi creux.
Tel je vécus, râpé, sycophante, envieux.

DURAND.

Je le sais : quelquefois, de peur que tu ne meures,
Lorsque ton estomac criait : « Il est six heures! »
J'ai dans ta triste main glissé, non sans regret,
Cinq francs que tu courais perdre chez Bénazet.
Mais que fis-tu plus tard? car tu n'as pas, je pense,
Mené jusqu'aujourd'hui cette affreuse existence?

DUPONT.

Toujours! j'atteste ici Brutus et Spinosa
Que je n'ai jamais eu que l'habit que voilà!
Et comment en changer? A qui rend-on justice?
On ne voit qu'intérêt, convoitise, avarice.
J'avais fait un projet... je te le dis tout bas...
Un projet!... mais au moins tu n'en parleras pas...
C'est plus beau que Lycurgue, et rien d'aussi sublime

N'aura jamais paru si Ladvocat m'imprime.
L'univers, mon ami, sera bouleversé :
On ne verra plus rien qui ressemble au passé ;
Les riches seront gueux, et les nobles infâmes ;
Nos maux seront des biens, les hommes seront femmes,
Et les femmes seront... tout ce qu'elles voudront.
Les plus vieux ennemis se réconcilieront,
Le Russe avec le Turc, l'Anglais avec la France,
La foi religieuse avec l'indifférence,
Et le drame moderne avec le sens commun.
De rois, de députés, de ministres, pas un ;
De magistrats, néant ; de lois, pas davantage.
J'abolis la famille et romps le mariage ;
Voilà ! Quant aux enfants, en feront qui pourront.
Ceux qui voudront trouver leurs pères chercheront.
Du reste, on ne verra, mon cher, dans les campagnes,
Ni forêts, ni clochers, ni vallons, ni montagnes.
Chansons que tout cela ! Nous les supprimerons,
Nous les démolirons, comblerons, brûlerons.
Ce ne seront partout que houilles et bitumes,
Trottoirs, masures, champs plantés de bons légumes,
Carottes, fèves, pois, et qui veut peut jeûner,
Mais nul n'aura du moins le droit de bien dîner.
Sur deux rayons de fer un chemin magnifique
De Paris à Pékin ceindra ma république.
Là, cent peuples divers, confondant leur jargon,
Feront une Babel d'un colossal wagon.
Là, de sa roue en feu le coche humanitaire.
Usera jusqu'aux os les muscles de la terre
Du haut de ce vaisseau les hommes stupéfaits

Ne verront qu'une mer de choux et de navets.
Le monde sera propre et net comme une écuelle;
L'humanitairerie en fera sa gamelle,
Et le globe rasé, sans barbe ni cheveux,
Comme un grand potiron roulera dans les cieux.
Quel projet, mon ami! quelle chose admirable!
A d'aussi vastes plans rien est-il comparable?
Je les avais écrits dans mes moments perdus.
Croirais-tu bien, Durand, qu'on ne les a pas lus?
Que veux-tu? notre siècle est sans yeux, sans oreilles;
Offrez-lui des trésors, montrez-lui des merveilles,
Pour aller à la Bourse, il vous tourne le dos;
Ceux-là nous font des lois, et ceux-ci des canaux;
On aime le plaisir, l'argent, la bonne chère;
On voit des fainéants qui labourent la terre;
L'homme de notre temps ne veut pas s'éclairer,
Et j'ai perdu l'espoir de le régénérer.
Mais toi, quel fut ton sort? A ton tour sois sincère.

DURAND.

Je fus d'abord garçon chez un vétérinaire.
On me donnait par mois dix-huit livres dix sous;
Mais il me déplaisait de me mettre à genoux
Pour graisser le sabot d'une bête malade,
Dont je fus maintes fois payé d'une ruade.
Fatigué du métier, je rompis mon licou,
Et, confiant en Dieu, j'allai sans savoir où.
Je m'arrêtai d'abord chez un marchand d'estampes
Qui pour certains romans faisait des culs-de-lampes.
J'en fis pendant deux ans; dans de méchants écrits
Je glissais à tâtons de plus méchants croquis.

Ce travail ignoré me servit par la suite ;
Car je rendis ainsi mon esprit parasite,
L'accoutumant au vol, le greffant sur autrui.
Je me lassai pourtant du rôle d'apprenti.
J'allai dîner un jour chez le père La Tuile ;
J'y rencontrai Dubois, vaudevilliste habile,
Grand buveur, comme on sait, grand chanteur de couplets,
Dont la gaîté vineuse emplit les cabarets.
Il m'apprit l'orthographe et corrigea mon style.
Nous fîmes à nous deux le quart d'un vaudeville,
Aux théâtres forains lequel fut présenté,
Et refusé partout à l'unanimité.
Cet échec me fut dur, et je sentis ma bile
Monter en bouillonnant à mon cerveau stérile.
Je résolus d'écrire, en rentrant au logis,
Un ouvrage quelconque, et d'étonner Paris.
De la soif de rimer ma cervelle obsédée
Pour la première fois eut un semblant d'idée
Je tirai mon verrou ; j'eus soin de m'entourer
De tous les écrivains qui pouvaient m'inspirer.
Soixante in-octavos inondèrent ma table
J'accouchai lentement d'un poëme effroyable.
La lune et le soleil se battaient dans mes vers ;
Vénus avec le Christ y dansait aux enfers
Vois combien ma pensée était philosophique :
De tout ce qu'on a fait, faire un chef-d'œuvre unique,
Tel fut mon but : Brahma, Jupiter, Mahomet,
Platon, Job, Marmontel, Néron et Bossuet,
Tout s'y trouvait ; mon œuvre est l'immensité même.
Mais le point capital de ce divin poëme,

C'est un chœur de lézards chantant au bord de l'eau.
Racine n'est qu'un drôle auprès d'un tel morceau.
On ne m'a pas compris ; mon livre symbolique,
Poudreux, mais vierge encor, n'est plus qu'une relique.
Désolant résultat ! triste virginité !
Mais vers d'autres destins je me vis emporté.
Le ciel me conduisit chez un vieux journaliste,
Charlatan ruiné, jadis séminariste,
Qui, dix fois en sa vie à bon marché vendu,
Sur les honnêtes gens crachait pour un écu.
De ce digne vieillard j'endossai la livrée.
Le fiel suintait déjà de ma plume altérée ;
Je me sentis renaître et mordis au métier.
Ah ! Dupont, qu'il est doux de tout déprécier !
Pour un esprit mort-né, convaincu d'impuissance,
Qu'il est doux d'être un sot et d'en tirer vengeance !
A quelque vrai succès lorsqu'on vient d'assister,
Qu'il est doux de rentrer et de se débotter,
Et de dépecer l'homme, et de salir sa gloire,
Et de pouvoir sur lui vider une écritoire,
Et d'avoir quelque part un journal inconnu
Où l'on puisse à plaisir nier ce qu'on a vu !
Le mensonge anonyme est le bonheur suprême.
Écrivains, députés, ministres, rois, Dieu même,
J'ai tout calomnié pour apaiser ma faim.
Malheureux avec moi, qui jouait au plus fin !
Courait-il dans Paris une histoire secrète ?
Vite je l'imprimais le soir dans ma gazette,
Et rien ne m'échappait. De la rue au salon,
Les graviers, en marchant, me restaient au talon.

De ce temps scandaleux j'ai su tous les scandales,
Et les ai racontés. Ni plaintes ni cabales
Ne m'eussent fait fléchir, sois-en bien convaincu...
Mais tu rêves, Dupont; à quoi donc penses-tu?

DUPONT.

Ah! Durand! si du moins j'avais un cœur de femme
Qui sût par quelque amour consoler ma grande âme!
Mais non; j'étale en vain mes grâces dans Paris.
Il en est de ma peau comme de tes écrits:
Je l'offre à tout venant, et personne n'y touche.
Sur mon grabat désert en grondant je me couche,
Et j'attends; — rien ne vient. — C'est de quoi se noyer!

DURAND.

Ne fais-tu rien le soir pour te désennuyer?

DUPONT.

Je joue aux dominos quelquefois chez Procope.

DURAND.

Ma foi! c'est un beau jeu. L'esprit s'y développe;
Et ce n'est pas un homme à faire un quiproquo,
Celui qui juste à point sait faire domino.
Entrons dans un café. C'est aujourd'hui dimanche.

DUPONT.

Si tu veux me tenir quinze sous sans revanche,
J'y consens.

DURAND.

Un instant! commençons par jouer
La *consommation* d'abord, pour essayer.
Je vais boire à tes frais, pour sûr, un petit verre.

DUPONT.
Les liqueurs me font mal. Je n'aime que la bière,
Qu'as-tu sur toi ?
DURAND.
Trois sous.
DUPONT.
Entrons au cabaret.
DURAND.
Après vous.
DUPONT.
Après vous.
DURAND.
Après vous, s'il vous plaît.

Juillet 1838.

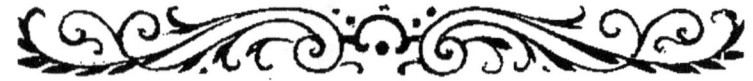

A ALFRED TATTET.

SONNET.

Qu'il est doux d'être au monde, et quel bien que la vie !
Tu le disais ce soir par un beau jour d'été.
Tu le disais, ami, dans un site enchanté,
Sur le plus vert coteau de ta forêt chérie.

Nos chevaux, au soleil, foulaient l'herbe fleurie ;
Et moi, silencieux, courant à ton côté,
Je laissais au hasard flotter ma rêverie ;
Mais dans le fond du cœur je me suis répété :

« Oui, la vie est un bien, la joie est une ivresse ;
Il est doux d'en user sans crainte et sans soucis ;
Il est doux de fêter les dieux de la jeunesse,

« De couronner de fleurs son verre et sa maîtresse,
D'avoir vécu trente ans comme Dieu l'a permis,
Et, si jeunes encor, d'être de vieux amis. »

Bury, 10 août 1838.

SUR LA NAISSANCE

DU COMTE DE PARIS.

De tant de jours de deuil, de crainte et d'espérance,
De tant d'efforts perdus, de tant de maux soufferts,
En es-tu lasse enfin, pauvre terre de France,
Et de tes vieux enfants l'éternelle inconstance
Laissera-t-elle un jour le calme à l'univers ?

Comprends-tu tes destins et sais-tu ton histoire ?
Depuis un demi-siècle as-tu compté tes pas ?
Est-ce assez de grandeur, de misère et de gloire ?
Et, sinon par pitié pour ta propre mémoire,
Par fatigue du moins, t'arrêteras-tu pas ?

Ne te souvient-il plus de ces temps d'épouvante
Où de quatre-vingt-neuf résonna le tocsin ?
N'était-ce pas hier, et la source sanglante
Où Paris baptisa sa liberté naissante,
La sens-tu pas encor qui coule de ton sein ?

A-t-il rassasié ta fierté vagabonde,
A-t-il pour les combats assouvi ton penchant,
Cet homme audacieux qui traversa le monde,
Pareil au laboureur qui traverse son champ,
Armé du soc de fer qui déchire et féconde ?

S'il te fallait alors des spectacles guerriers,
Est-ce assez d'avoir vu l'Europe dévastée,
De Memphis à Moscou la terre disputée,
Et l'étranger deux fois assis à nos foyers,
Secouant de ses pieds la neige ensanglantée ?

S'il te faut aujourd'hui des éléments nouveaux,
En est-ce assez pour toi d'avoir mis en lambeaux
Tout ce qui porte un nom, gloire, philosophie,
Religion, amour, liberté, tyrannie,
D'avoir fouillé partout, jusque dans les tombeaux ?

En est-ce assez pour toi des vaines théories,
Sophismes monstrueux dont on nous a bercés,
Spectres républicains sortis des temps passés,
Abus de tous les droits, honteuses rêveries
D'assassins en délire ou d'enfants insensés ?

En est-ce assez pour toi d'avoir, en cinquante ans,
Vu tomber Robespierre et passer Bonaparte,
Charles dix pour l'exil partir en cheveux blancs,
D'avoir imité Londre, Athènes, Rome et Sparte ;
Et d'être enfin Français n'est-il pas bientôt temps ?

Si ce n'est pas assez, prends ton glaive et ta lance,
Réveille tes soldats, dresse tes échafauds ;
En guerre ! et que demain le siècle recommence,
Afin qu'un jour du moins le Meurtre et la Licence,
Repus de notre sang, nous laissent le repos !

Mais, si Dieu n'a pas fait la souffrance inutile,
Si des maux d'ici-bas quelque bien peut venir,
Si l'orage apaisé rend le ciel plus tranquille,
S'il est vrai qu'en tombant sur un terrain fertile
Les larmes du passé fécondent l'avenir,

Sache donc profiter de ton expérience,
Toi qu'une jeune reine, en ses touchants adieux,
Appelait autrefois plaisant pays de France !
Connais-toi donc toi-même, ose donc être heureux,
Ose donc franchement bénir la Providence !

Laisse dire à qui veut que ton grand cœur s'abat,
Que la paix t'affaiblit, que tes forces s'épuisent :
Ceux qui le croient le moins sont ceux qui te le disent.
Ils te savent debout, ferme, et prête au combat ;
Et, ne pouvant briser ta force, ils la divisent.

Laisse-les s'agiter, ces gens à passion,
De nos vieux harangueurs modernes parodies ;
Laisse-les étaler leurs froides comédies,
Et, les deux bras croisés, te prêcher l'action.
Leur seule vérité, c'est leur ambition.

Que t'importent des mots, des phrases ajustées ?
As-tu vendu ton blé, ton bétail et ton vin ?
Es-tu libre ? Les lois sont-elles respectées ?
Crains-tu de voir ton champ pillé par le voisin ?
Le maître a-t-il son toit, et l'ouvrier son pain ?

Si nous avons cela, le reste est peu de chose.
Il en faut plus pourtant : à travers nos remparts,
De l'univers jaloux pénètrent les regards ;
Paris remplit le monde, et, lorsqu'il se repose,
Pour que sa gloire veille, il a besoin des arts.

Où les vit-on fleurir mieux qu'au siècle où nous sommes ?
Quand vit-on au travail plus de mains s'exercer ?
Quand fûmes-nous jamais plus libres de penser ?
On veut nier en vain les choses et les hommes ;
Nous aurons à nos fils une page à laisser.

Le bruit de nos canons retentit aujourd'hui ;
Que l'Europe l'écoute ! elle doit le connaître.
France, au milieu de nous un enfant vient de naître,
Et si ma faible voix se fait entendre ici,
C'est devant son berceau que je te parle ainsi.

Son courageux aïeul est ce roi populaire
Qu'on voit depuis huit ans, sans crainte et sans colère,
En pilote hardi nous montrer le chemin.
Son père est près du trône, une épée à la main,
Tous les infortunés savent quelle est sa mère.

Ce n'est qu'un fils de plus que le ciel t'a donné,
France! ouvre-lui tes bras sans peur, sans flatterie;
Soulève doucement ta mamelle meurtrie,
Et verse en souriant, vieille mère patrie,
Une goutte de lait à l'enfant nouveau-né.

29 août 1838.

A MADEMOISELLE ***

Oui, femmes, quoi qu'on puisse dire,
Vous avez le fatal pouvoir
De nous jeter par un sourire
Dans l'ivresse ou le désespoir.

Oui, deux mots, le silence même,
Un regard distrait ou moqueur,
Peuvent donner à qui vous aime
Un coup de poignard dans le cœur.

Oui, votre orgueil doit être immense ;
Car, grâce à notre lâcheté,
Rien n'égale votre puissance,
Sinon votre fragilité.

Mais toute puissance sur terre
Meurt quand l'abus en est trop grand,
Et qui sait souffrir et se taire
S'éloigne de vous en pleurant.

Quel que soit le mal qu'il endure,
Son triste rôle est le plus beau.
J'aime encor mieux notre torture
Que votre métier de bourreau.

11 mars 1839.

JAMAIS.

Jamais, avez-vous dit, tandis qu'autour de nous
Résonnait de Schubert la plaintive musique ;
Jamais, avez-vous dit, tandis que, malgré vous,
Brillait de vos grands yeux l'azur mélancolique.

Jamais, répétiez-vous, pâle, et d'un air si doux
Qu'on eût cru voir sourire une médaille antique.
Mais des trésors secrets l'instinct fier et pudique
Vous couvrit de rougeur, comme un voile jaloux

Quel mot vous prononcez, marquise, et quel dommage !
Hélas ! je ne voyais ni ce charmant visage,
Ni ce divin sourire, en vous parlant d'aimer.

Vos yeux bleus sont moins doux que votre âme n'est belle.
Même en les regardant, je ne regrettais qu'elle,
Et de voir dans sa fleur un tel cœur se fermer.

1839.

IMPROMPTU

EN RÉPONSE A CETTE QUESTION :

Qu'est-ce que la poésie ?

Chasser tout souvenir et fixer la pensée,
Sur un bel axe d'or la tenir balancée,
Incertaine, inquiète, immobile pourtant ;
Éterniser peut-être un rêve d'un instant ;
Aimer le vrai, le beau, chercher leur harmonie ;
Écouter dans son cœur l'écho de son génie ;
Chanter, rire, pleurer, seul, sans but, au hasard ;
D'un sourire, d'un mot, d'un soupir, d'un regard
Faire un travail exquis, plein de crainte et de charme ;
        Faire une perle d'une larme :
Du poëte ici-bas voilà la passion,
Voilà son bien, sa vie, et son ambition.

1839.

IDYLLE.

A quoi passer la nuit quand on soupe en carême ?
Ainsi, le verre en main, raisonnaient deux amis.
Quels entretiens choisir, honnêtes et permis,
Mais gais, tels qu'un vieux vin les conseille et les aime ?

RODOLPHE.

Parlons de nos amours ; la joie et la beauté
Sont mes dieux les plus chers, après la liberté.
Ébauchons, en trinquant, une joyeuse idylle.
Par les bois et les prés, les bergers de Virgile
Fêtaient la poésie à toute heure, en tout lieu ;
Ainsi chante au soleil la cigale dorée.
D'une voix plus modeste, au hasard inspirée,
Nous, comme le grillon, chantons au coin du feu.

ALBERT.

Faisons ce qui te plaît. Parfois, en cette vie,
Une chanson nous berce et nous aide à souffrir ;
Et, si nous offensons l'antique poésie,
Son ombre même est douce à qui la sait chérir.

RODOLPHE.

Rosalie est le nom de la brune fillette
Dont l'inconstant hasard m'a fait maître et seigneur.
Son nom fait mon délice, et, quand je le répète,
Je le sens, chaque fois, mieux gravé dans mon cœur.

ALBERT.

Je ne puis sur ce ton parler de mon amie.
Bien que son nom aussi soit doux à prononcer,
Je ne saurais sans honte à tel point l'offenser,
Et dire, en un seul mot, le secret de ma vie

RODOLPHE

Que la fortune abonde en caprices charmants !
Dès nos premiers regards nous devînmes amants.
C'était un mardi gras, dans une mascarade ;
Nous soupions ; — la Folie agita ses grelots,
Et notre amour naissant sortit d'une rasade,
Comme autrefois Vénus de l'écume des flots.

ALBERT.

Quels mystères profonds dans l'humaine misère !
Quand, sous les marronniers, à côté de sa mère,
Je la vis, à pas lents, entrer si doucement
(Son front était si pur, son regard si tranquille !)
Le ciel m'en est témoin, dès le premier moment,
Je compris que l'aimer était peine inutile ;
Et cependant mon cœur prit un amer plaisir
A sentir qu'il aimait et qu'il allait souffrir.

RODOLPHE.

Depuis qu'à mon chevet rit cette tête folle,
Elle en chasse à la fois le sommeil et l'ennui;
Au bruit de nos baisers le temps joyeux s'envole,
Et notre lit de fleurs n'a pas encore un pli.

ALBERT.

Depuis que dans ses yeux ma peine a pris naissance,
Nul ne sait le tourment dont je suis déchiré.
Elle-même l'ignore, — et ma seule espérance
Est qu'elle le devine un jour, quand j'en mourrai.

RODOLPHE.

Quand mon enchanteresse entr'ouvre sa paupière,
Sombre comme la nuit, pur comme la lumière,
Sur l'émail de ses yeux brille un noir diamant.

ALBERT.

Comme sur une fleur une goutte de pluie,
Comme une pâle étoile au fond du firmament,
Ainsi brille en tremblant le regard de ma mie.

RODOLPHE.

Son front n'est pas plus grand que celui de Vénus.
Par un nœud de ruban deux bandeaux retenus
L'entourent mollement d'une fraîche auréole;
Et, lorsqu'au pied du lit tombent ses longs cheveux,
On croirait voir, le soir, sur ses flancs amoureux,
Se dérouler gaîment la mantille espagnole.

ALBERT.

Ce bonheur à mes yeux n'a pas été donné
De voir jamais ainsi la tête bien-aimée.
Le chaste sanctuaire où siége sa pensée
D'un diadème d'or est toujours couronné.

RODOLPHE.

Voyez-la, le matin, qui gazouille et sautille ;
Son cœur est un oiseau, — sa bouche est une fleur.
C'est là qu'il faut saisir cette indolente fille,
Et, sur la pourpre vive où le rire pétille,
De son souffle enivrant respirer la fraîcheur.

ALBERT.

Une fois seulement, j'étais le soir près d'elle ;
Le sommeil lui venait et la rendait plus belle ;
Elle pencha vers moi son front plein de langueur,
Et, comme on voit s'ouvrir une rose endormie,
Dans un faible soupir, des lèvres de ma mie
Je sentis s'exhaler le parfum de son cœur.

RODOLPHE.

Je voudrais voir qu'un jour ma belle dégourdie,
Au cabaret voisin de champagne étourdie,
S'en vînt, en jupon court, se glisser dans tes bras.
Qu'adviendrait-il alors de ta mélancolie ?
Car enfin toute chose est possible ici-bas.

ALBERT.

Si le profond regard de ma chère maîtresse
Un instant par hasard s'arrêtait sur le tien,
Qu'adviendrait-il alors de cette folle ivresse?
Aimer est quelque chose, et le reste n'est rien.

RODOLPHE.

Non, l'amour qui se tait n'est qu'une rêverie.
Le silence est la mort, et l'amour est la vie;
Et c'est un vieux mensonge à plaisir inventé,
Que de croire au bonheur hors de la volupté!
Je ne puis partager ni plaindre ta souffrance.
Le hasard est là-haut pour les audacieux;
Et celui dont la crainte a tué l'espérance
Mérite son malheur et fait injure aux dieux.

ALBERT.

Non, quand leur âme immense entra dans la nature,
Les dieux n'ont pas tout dit à la matière impure
Qui reçut dans ses flancs leur forme et leur beauté.
C'est une vision que la réalité.
Non, des flacons brisés, quelques vaines paroles
Qu'on prononce au hasard et qu'on croit échanger,
Entre deux froids baisers quelques rires frivoles,
Et d'un être inconnu le contact passager,
Non, ce n'est pas l'amour, ce n'est pas même un rêve;
Et la satiété, qui succède au désir,
Amène un tel dégoût quand le cœur se soulève,
Que je ne sais, au fond, si c'est peine ou plaisir.

RODOLPHE.

Est-ce peine ou plaisir, une alcôve bien close,
Et le punch allumé, quand il fait mauvais temps?
Est-ce peine ou plaisir, l'incarnat de la rose,
La blancheur de l'albâtre et l'odeur du printemps?
Quand la réalité ne serait qu'une image
Et le contour léger des choses d'ici-bas,
Me préserve le ciel d'en savoir davantage!
Le masque est si charmant, que j'ai peur du visage,
Et même en carnaval je n'y toucherais pas.

ALBERT.

Une larme en dit plus que tu n'en pourrais dire.

RODOLPHE.

Une larme a son prix, c'est la sœur d'un sourire.
Avec deux yeux bavards parfois j'aime à jaser;
Mais le seul vrai langage au monde est un baiser.

ALBERT.

Ainsi donc, à ton gré dépense ta paresse.
O mon pauvre secret! que nos chagrins sont doux!

RODOLPHE.

Ainsi donc, à ton gré promène ta tristesse.
O mes pauvres soupers! comme on médit de vous!

ALBERT.

Prends garde seulement que ta belle étourdie
Dans quelque honnête ennui ne perde sa gaîté.

RODOLPHE.

Prends garde seulement que ta rose endormie
Ne trouve un papillon quelque beau soir d'été.

ALBERT.

Des premiers feux du jour j'aperçois la lumière.

RODOLPHE.

Laissons notre dispute, et vidons notre verre.
Nous aimons, c'est assez ; chacun a sa façon ;
J'en ai connu plus d'une, et j'en sais la chanson
Le droit est au plus fort en amour comme en guerre,
Et la femme qu'on aime aura toujours raison

1839.

ADIEU.

Adieu ! je crois qu'en cette vie
Je ne te reverrai jamais.
Dieu passe, il t'appelle et m'oublie ;
En te perdant, je sens que je t'aimais.

Pas de pleurs, pas de plainte vaine
Je sais respecter l'avenir.
Vienne la voile qui t'emmène,
En souriant je la verrai partir.

Tu t'en vas pleine d'espérance,
Avec orgueil tu reviendras ;
Mais ceux qui vont souffrir de ton absence,
Tu ne les reconnaîtras pas.

Adieu ! tu vas faire un beau rêve,
Et t'enivrer d'un plaisir dangereux ;
Sur ton chemin l'étoile qui se lève
Longtemps encore éblouira tes yeux.

Un jour tu sentiras peut-être
Le prix d'un cœur qui nous comprend,
Le bien qu'on trouve à le connaître,
Et ce qu'on souffre en le perdant.

1839.

SILVIA.

A MADAME ***

Il est donc vrai, vous vous plaignez aussi,
Vous dont l'œil noir, gai comme un jour de fête,
Du monde entier pourrait chasser l'ennui !
    Combien donc pesait le souci
    Qui vous a fait baisser la tête ?
C'est, j'imagine, un aussi lourd fardeau
    Que le roitelet de la fable ;
    Ce grand chagrin qui vous accable
    Me fait souvenir du roseau ;
    Je suis bien loin d'être le chêne.
Mais, dites-moi, vous qu'en un autre temps,
Quand nos aïeux vivaient en bons enfants,
J'aurais nommée Iris, ou Philis, ou Climène,
    Vous qui, dans ce siècle bourgeois,
Osez encor me permettre parfois
    De vous appeler ma marraine,
Est-ce bien vous qui m'écrivez ainsi,
Et songiez-vous qu'il faut qu'on vous réponde ?
    Savez-vous que, dans votre ennui,
Sans y penser, madame et chère blonde,

Vous me grondez comme un ami?
Paresse et manque de courage,
Dites-vous; s'il en est ainsi,
Je vais me remettre à l'ouvrage.
Hélas! l'oiseau revient au nid,
Et quelquefois même à la cage.
Sur mes lauriers on me croit endormi!
C'est trop d'honneur pour un instant d'oubli,
Et dans mon lit les lauriers n'ont que faire ;
Ce ne serait pas mon affaire.
Je sommeillais seulement à demi,
A côté d'un brin de verveine,
Dont le parfum vivait à peine,
Et qu'en rêvant j'avais cueilli.
Je l'avouerai, ce coupable silence,
Ce long repos, si maltraité de vous,
Paresse, amour, folie ou nonchalance,
Tout ce temps perdu me fut doux.
Je dirai plus, il me fut profitable ;
Et si jamais mon inconstant esprit
Sait revêtir de quelque fable
Ce que la vérité m'apprit,
Je vous paraîtrai moins coupable.
Le silence est un conseiller
Qui dévoile plus d'un mystère;
Et qui veut un jour bien parler
Doit d'abord apprendre à se taire.
Et quand on se tairait toujours,
Du moment qu'on vit et qu'on aime,
Qu'importe le reste? et vous-même,

   Quand avez-vous compté les jours ?
  Et puisqu'il faut que tout s'évanouisse,
  N'est-ce donc pas une folle avarice,
    De conserver comme un trésor
    Ce qu'un coup de vent nous enlève ?
Le meilleur de ma vie a passé comme un rêve
    Si léger, qu'il m'est cher encor.
Mais revenons à vous, ma charmante marraine.
    Vous croyez donc vous ennuyer ?
Et l'hiver qui s'en vient, rallumant le foyer,
    A fait rêver la châtelaine.
Un roman, dites-vous, pourrait vous égayer,
    Triste chose à vous envoyer !
Que ne demandez-vous un conte à La Fontaine ?
C'est avec celui-là qu'il est bon de veiller ;
    Ouvrez-le sur votre oreiller,
    Vous verrez se lever l'aurore.
Molière l'a prédit, et j'en suis convaincu,
    Bien des choses auront vécu
    Quand nos enfants liront encore
    Ce que le bonhomme a conté,
    Fleur de sagesse et de gaîté.
Mais quoi ! la mode vient, et tue un vieil usage.
  On n'en veut plus, du sobre et franc langage
    Dont il enseignait la douceur,
  Le seul français, et qui vienne du cœur ;
    Car, n'en déplaise à l'Italie,
    La Fontaine, sachez-le bien,
    En prenant tout n'imita rien ;
  Il est sorti du sol de la patrie,

Le vert laurier qui couvre son tombeau ;
Comme l'antique, il est nouveau.
Ma protectrice bien-aimée,
Quand votre lettre parfumée
Est arrivée à votre enfant gâté,
Je venais de causer en toute liberté
Avec le grand ami Shakspeare.
Du sujet cependant Boccace était l'auteur ;
Car il féconde tout, ce charmant inventeur ;
Même après l'autre, il fallait le relire
J'étais donc seul, ses *Nouvelles* en main,
Et de la nuit la lueur azurée,
Se jouant avec le matin,
Étincelait sur la tranche dorée
Du petit livre florentin ;
Et je songeais, quoi qu'on dise ou qu'on fasse,
Combien c'est vrai que les Muses sont sœurs ;
Qu'il eut raison, ce pinceau plein de grâce,
Qui nous les montre, au sommet du Parnasse,
Comme une guirlande de fleurs !
La Fontaine a ri dans Boccace,
Où Shakspeare fondait en pleurs.
Sera-ce trop que d'enhardir ma muse
Jusqu'à tenter de traduire à mon tour
Dans ce livre amoureux une histoire d'amour?
Mais tout est bon qui vous amuse.
Je n'oserais, si ce n'était pour vous ;
Car c'est beaucoup que d'essayer ce style
Tant oublié, qui fut jadis si doux,
Et qu'aujourd'hui l'on croit facile.

Il fut donc dans notre cité,
Selon ce qu'on nous a conté,
(Boccace parle ainsi; la cité, c'est Florence)
Un gros marchand, riche, homme d'importance,
Qui de sa femme eut un enfant;
Après quoi, presque sur-le-champ,
Ayant mis ordre à ses affaires,
Il passa de ce monde ailleurs.
La mère survivait; on nomma des tuteurs,
Gens loyaux, prudents et sévères,
Capables de se faire honneur
En gardant les biens d'un mineur.
Le jouvenceau, courant le voisinage,
Sentit d'abord douceur de cœur
Pour une fille de son âge,
Qui pour père avait un tailleur;
Et peu à peu, l'enfant devenant homme,
Le temps changea l'habitude en amour,
De telle sorte que Jérôme
Sans voir Silvia ne pouvait vivre un jour.
A son voisin la fille accoutumée
Aima bientôt comme elle était aimée.
De ce danger la mère s'avisa,
Gronda son fils, longtemps moralisa,
Sans rien gagner par force ou par adresse.
Elle croyait que la richesse
En ce monde doit tout changer,
Et d'un buisson peut faire un oranger [1].

---

1 Proverbe florentin.

Ayant donc pris les tuteurs à partie,
La mère dit : « Cet enfant que voici,
Lequel n'a pas quatorze ans, Dieu merci !
Va désoler le reste de ma vie.
  Il s'est si bien amouraché
  De la fille d'un mercenaire,
Qu'un de ces jours, s'il n'en est empêché,
  Je vais me réveiller grand'mère.
Soir ni matin, il ne la quitte pas.
  C'est, je crois, Silvia qu'on l'appelle ;
Et, s'il doit voir quelque autre dans ses bras,
  Il se consumera pour elle.
Il faudrait donc, avec votre agrément,
  L'éloigner par quelque voyage ;
  Il est jeune ; la fille est sage,
  Elle l'oubliera sûrement ;
Et nous le marierons à quelque honnête femme. »
  Les tuteurs dirent que la dame
  Avait parlé fort sagement.
« Te voilà grand, dirent-ils à Jérôme,
  Il est bon de voir du pays.
Va-t'en passer quelques jours à Paris,
  Voir ce que c'est qu'un gentilhomme,
Le bel usage, et comme on vit là-bas ;
  Dans peu de temps tu reviendras. »
A ce conseil, le garçon, comme on pense,
  Répondit qu'il n'en ferait rien,
  Et qu'il pouvait voir aussi bien
  Comment l'on vivait à Florence.
  Là-dessus, la mère en fureur

Répond d'abord par une grosse injure ;
Puis elle prend l'enfant par la douceur ;
    On le raisonne, on le conjure,
A ses tuteurs il lui faut obéir ;
On lui promet de ne le retenir
    Qu'un an au plus. Tant et tant on le prie,
Qu'il cède enfin : il quitte sa patrie ;
      Il part, tout plein de ses amours,
      Comptant les nuits, comptant les jours,
Laissant derrière lui la moitié de sa vie.
L'exil dura deux ans. Ce long terme passé,
      Jérôme revint à Florence,
Du mal d'amour plus que jamais blessé,
Croyant sans doute être récompensé.
    Mais c'est un grand tort que l'absence.
Pendant qu'au loin courait le jouvenceau,
      La fille s'était mariée.
En revoyant les rives de l'Arno,
      Il n'y trouva que le tombeau
      De son espérance oubliée.
      D'abord il n'en murmura point,
      Sachant que le monde, en ce point,
      Agit rarement d'autre sorte.
De l'infidèle il connaissait la porte,
Et tous les jours il passait sur le seuil,
      Espérant un signe, un coup d'œil,
      Un rien, comme on fait quand on aime.
      Mais tous ses pas furent perdus :
      Silvia ne le connaissait plus ;
Dont il sentit une douleur extrême.

Cependant, avant d'en mourir,
Il voulut de son souvenir
Essayer de parler lui-même.
Le mari n'était pas jaloux,
Ni la femme bien surveillée.
Un soir que les nouveaux époux
Chez un voisin étaient à la veillée,
Dans la maison, au tomber de la nuit,
Jérôme entra, se cacha près du lit,
Derrière une pièce de toile;
Car l'époux était tisserand,
Et fabriquait cette espèce de voile
Qu'on met sur un balcon toscan.
Bientôt après les mariés rentrèrent,
Et presque aussitôt se couchèrent.
Dès qu'il entend dormir l'époux,
Dans l'ombre vers Silvia Jérôme s'achemine,
Et, lui posant la main sur la poitrine,
Il lui dit doucement : « Mon âme, dormez-vous? »
La pauvre enfant, croyant voir un fantôme,
Voulut crier; le jeune homme ajouta :
« Ne criez pas, je suis votre Jérôme.
— Pour l'amour de Dieu, dit Silvia,
Allez-vous-en, je vous en prie.
Il est passé, ce temps de notre vie
Où notre enfance eut loisir de s'aimer.
Vous voyez, je suis mariée.
Dans les devoirs auxquels je suis liée,
Il ne me sied plus de penser
A vous revoir ni vous entendre.

Si mon mari venait à vous surprendre,
 Songez que le moindre des maux
Serait pour moi d'en perdre le repos ;
Songez qu'il m'aime, et que je suis sa femme. »
A ce discours, le malheureux amant
 Fut navré jusqu'au fond de l'âme.
Ce fut en vain qu'il peignit son tourment,
 Et sa constance, et sa misère ;
 Par promesse ni par prière,
Tout son chagrin ne put rien obtenir.
 Alors, sentant la mort venir,
Il demanda que, pour grâce dernière,
 Elle le laissât se coucher
 Pendant un instant auprès d'elle,
 Sans bouger et sans la toucher,
 Seulement pour se réchauffer,
Ayant au cœur une glace mortelle,
Lui promettant de ne pas dire un mot,
 Et qu'il partirait aussitôt,
 Pour ne la revoir de la vie.
La jeune femme, ayant quelque compassion,
 Moyennant la condition,
 Voulut contenter son envie.
Jérôme profita d'un moment de pitié ;
 Il se coucha près de Sylvie.
Considérant alors quelle longue amitié
 Pour cette femme il avait eue,
 Et quelle était sa cruauté,
 Et l'espérance à tout jamais perdue,
 Il résolut de cesser de souffrir,

Et, rassemblant dans un dernier soupir
　　Toutes les forces de sa vie,
　　Il serra la main de sa mie,
　　Et rendit l'âme à son côté.
　　Silvia, non sans quelque surprise,
　　Admirant sa tranquillité,
Resta d'abord quelque temps indécise.
　　« Jérôme, il faut sortir d'ici,
　　Dit-elle enfin, l'heure s'avance. »
　　Et, comme il gardait le silence,
Elle pensa qu'il s'était endormi.
　　Se soulevant donc à demi,
Et doucement l'appelant à voix basse,
　　Elle étendit la main vers lui,
　　Et le trouva froid comme glace.
　　Elle s'en étonna d'abord ;
　　Bientôt, l'ayant touché plus fort
　　Et voyant sa peine inutile,
　　Son ami restant immobile,
　　Elle comprit qu'il était mort.
　　Que faire ? il n'était pas facile
De le savoir en un moment pareil.
Elle avisa de demander conseil
A son mari, le tira de son somme,
Et lui conta l'histoire de Jérôme,
Comme un malheur advenu depuis peu,
　　Sans dire à qui ni dans quel lieu.
　« En pareil cas, répondit le bonhomme,
　　Je crois que le meilleur serait
　　De porter le mort en secret

A son logis, l'y laisser sans rancune,
Car la femme n'a point failli,
Et le mal est à la fortune.
— C'est donc à nous de faire ainsi, »
Dit la femme, Et, prenant la main de son mari,
Elle lui fit toucher près d'elle
Le corps sur son lit étendu.
Bien que troublé par ce coup imprévu,
L'époux se lève, allume sa chandelle;
Et sans entrer en plus de mots,
Sachant que sa femme est fidèle,
Il charge le corps sur son dos,
A sa maison secrètement l'emporte,
Le dépose devant la porte,
Et s'en revient sans avoir été vu.
Lorsqu'on trouva, le jour étant venu,
Le jeune homme couché par terre,
Ce fut une grande rumeur;
Et le pire, dans ce malheur,
Fut le désespoir de la mère.
Le médecin aussitôt consulté,
Et le corps partout visité,
Comme on n'y vit point de blessure,
Chacun parlait à sa façon
De cette sinistre aventure.
La populaire opinion
Fut que l'amour de sa maîtresse
Avait jeté Jérôme en cette adversité,
Et qu'il était mort de tristesse,
Comme c'était la vérité

Le corps fut donc à l'église porté,
Et là s'en vint la malheureuse mère,
    Au milieu des amis en deuil,
    Exhaler sa douleur amère.
    Tandis qu'on menait le cercueil,
Le tisserand, qui, dans le fond de l'âme,
    Ne laissait pas d'être inquiet :
    « Il est bon, dit-il à sa femme,
    Que tu prennes ton mantelet,
    Et t'en ailles à cette église,
    Où l'on enterre ce garçon
    Qui mourut hier à la maison.
    J'ai quelque peur qu'on ne médise
    Sur cet inattendu trépas,
    Et ce serait un mauvais pas,
    Tout innocents que nous en sommes.
    Je me tiendrai parmi les hommes,
Et prierai Dieu, tout en les écoutant.
De ton côté, prends soin d'en faire autant
    A l'endroit qu'occupent les femmes.
Tu retiendras ce que ces bonnes âmes
    Diront de nous; et nous ferons
    Selon ce que nous entendrons. »
    La pitié trop tard à Silvie
Était venue, et ce discours lui plut.
Celui dont un baiser eût conservé la vie,
    Le voulant voir encore, elle s'en fut.
    Il est étrange, il est presque incroyable
    Combien c'est chose inexplicable
    Que la puissance de l'amour.

Ce cœur, si chaste et si sévère,
Qui semblait fermé sans retour
Quand la fortune était prospère,
Tout à coup s'ouvrit au malheur.
A peine dans l'église entrée,
De compassion et d'horreur
Silvia se sentit pénétrée ;
L'ancien amour s'éveilla tout entier.
Le front baissé, de son manteau voilée,
Traversant la triste assemblée,
Jusqu'à la bière il lui fallut aller ;
Et là, sous le drap mortuaire
Sitôt qu'elle vit son ami,
Défaillante et poussant un cri,
Comme une sœur embrasse un frère,
Sur le cercueil elle tomba ;
Et, comme la douleur avait tué Jérôme,
De sa douleur aussi mourut Silvia.
Cette fois ce fut au jeune homme
A céder la moitié du lit :
L'un près de l'autre on les ensevelit.
Ainsi ces deux amants, séparés sur la terre,
Furent unis, et la mort fit
Ce que l'amour n'avait pu faire.

Décembre 1839.

SUR LES DÉBUTS

de mesdemoiselles

RACHEL ET PAULINE GARCIA.

Ainsi donc, quoi qu'on dise, elle ne tarit pas,
    La source immortelle et féconde
Que le coursier divin fit jaillir sous ses pas ;
Elle existe toujours, cette séve du monde,
Elle coule, et les dieux sont encore ici-bas !

A quoi nous servent donc tant de luttes frivoles,
Tant d'efforts toujours vains et toujours renaissants ?
Un chaos si pompeux d'inutiles paroles,
    Et tant de marteaux impuissants
    Frappant les anciennes idoles ?

Discourons sur les arts, faisons les connaisseurs ;
    Nous aurons beau changer d'erreurs
    Comme un libertin de maîtresse,
Les lilas au printemps seront toujours en fleurs,
Et les arts immortels rajeuniront sans cesse.

Discutons nos travers, nos rêves et nos goûts,
Comparons à loisir le moderne à l'antique,
    Et ferraillons sous ces drapeaux jaloux !
Quand nous serons au bout de notre rhétorique,
Deux enfants nés d'hier en sauront plus que nous.

O jeunes cœurs remplis d'antique poésie,
Soyez les bienvenus, enfants chéris des dieux !
Vous avez le même âge et le même génie.
    La douce clarté soit bénie,
    Que vous ramenez dans nos yeux !

    Allez ! que le bonheur vous suive !
Ce n'est pas du hasard un caprice inconstant
    Qui vous fit naître au même instant.
Votre mère ici-bas, c'est la muse attentive
Qui sur le feu sacré veille éternellement.

Obéissez sans crainte au dieu qui vous inspire.
Ignorez, s'il se peut, que nous parlons de vous.
Ces plaintes, ces accords, ces pleurs, ce doux sourire,
    Tous vos trésors, donnez-les-nous ;
    Chantez, enfants, laissez-nous dire.

1839.

CHANSON.

Lorsque la coquette Espérance
Nous pousse le coude en passant,
Puis à tire-d'aile s'élance,
Et se retourne en souriant ;

Où va l'homme ? où son cœur l'appelle
L'hirondelle suit le zéphyr,
Et moins légère est l'hirondelle
Que l'homme qui suit son désir.

Ah ! fugitive enchanteresse,
Sais-tu seulement ton chemin ?
Faut-il donc que le vieux Destin
Ait une si jeune maîtresse !

1840.

TRISTESSE.

J'ai perdu ma force et ma vie,
Et mes amis et ma gaîté;
J'ai perdu jusqu'à la fierté
Qui faisait croire à mon génie.

Quand j'ai connu la Vérité,
J'ai cru que c'était une amie;
Quand je l'ai comprise et sentie,
J en étais déjà dégoûté.

Et pourtant elle est éternelle,
Et ceux qui se sont passés d'elle
Ici-bas ont tout ignoré.

Dieu parle, il faut qu'on lui réponde.
Le seul bien qui me reste au monde
Est d'avoir quelquefois pleuré.

Bury. 14 juin 1840.

UNE SOIRÉE PERDUE

J'étais seul, l'autre soir, au Théâtre-Français,
Ou presque seul ; l'auteur n'avait pas grand succès.
Ce n'était que Molière, et nous savons de reste
Que ce grand maladroit, qui fit un jour *Alceste*,
Ignora le bel art de chatouiller l'esprit
Et de servir à point un dénoûment bien cuit.
Grâce à Dieu, nos auteurs ont changé de méthode,
Et nous aimons bien mieux quelque drame à la mode
Où l'intrigue, enlacée et roulée en feston,
Tourne comme un rébus autour d'un mirliton.

J'écoutais cependant cette simple harmonie,
Et comme le bon sens fait parler le génie.
J'admirais quel amour pour l'âpre vérité
Eut cet homme si fier en sa naïveté,
Quel grand et vrai savoir des choses de ce monde,
Quelle mâle gaîté, si triste et si profonde
Que, lorsqu'on vient d'en rire, on devrait en pleurer !
Et je me demandais : « Est-ce assez d'admirer ?
Est-ce assez de venir, un soir, par aventure,

D'entendre au fond de l'âme un cri de la nature,
D'essuyer une larme, et de partir ainsi,
Quoi qu'on fasse d'ailleurs, sans en prendre souci? »
Enfoncé que j'étais dans cette rêverie,
Çà et là, toutefois, lorgnant la galerie,
Je vis que, devant moi, se balançait gaîment
Sous une tresse noire un cou svelte et charmant;
Et, voyant cet ébène enchâssé dans l'ivoire,
Un vers d'André Chénier chanta dans ma mémoire,
Un vers presque inconnu, refrain inachevé,
Frais comme le hasard, moins écrit que rêvé.
J'osai m'en souvenir, même devant Molière;
Sa grande ombre, à coup sûr, ne s'en offensa pas;
Et, tout en écoutant, je murmurais tout bas,
Regardant cette enfant, qui ne s'en doutait guère :
« Sous votre aimable tête, un cou blanc, délicat,
Se plie, et de la neige effacerait l'éclat. »

Puis je songeais encore (ainsi va la pensée)
Que l'antique franchise, à ce point délaissée,
Avec notre finesse et notre esprit moqueur,
Ferait croire, après tout, que nous manquons de cœur;
Que c'était une triste et honteuse misère
Que cette solitude à l'entour de Molière,
Et qu'il est *pourtant temps*, comme dit la chanson,
De sortir de ce siècle ou d'en avoir raison;
Car à quoi comparer cette scène embourbée,
Et l'effroyable honte où la muse est tombée?
La lâcheté nous bride, et les sots vont disant
Que, sous ce vieux soleil, tout est fait à présent;

Comme si les travers de la famille humaine
Ne rajeunissaient pas chaque an, chaque semaine.
Notre siècle a ses mœurs, partant, sa vérité;
Celui qui l'ose dire est toujours écouté.

Ah! j'oserais parler, si je croyais bien dire.
J'oserais ramasser le fouet de la satire,
Et l'habiller de noir, cet homme aux rubans verts,
Qui se fâchait jadis pour quelques mauvais vers.
S'il rentrait aujourd'hui dans Paris, la grand'ville,
Il y trouverait mieux pour émouvoir sa bile
Qu'une méchante femme et qu'un méchant sonnet;
Nous avons autre chose à mettre au cabinet.
O notre maître à tous! si ta tombe est fermée,
Laisse-moi dans ta cendre, un instant ranimée,
Trouver une étincelle, et je vais t'imiter!
J'en aurai fait assez si je puis le tenter.
Apprends-moi de quel ton, dans ta bouche hardie,
Parlait la vérité, ta seule passion,
Et, pour me fair entendre, à défaut du génie,
J'en aurai le courage et l'indignation!

Ainsi je caressais une folle chimère.
Devant moi cependant, à côté de sa mère,
L'enfant restait toujours, et le cou svelte et blanc
Sous les longs cheveux noirs se berçait mollement.
Le spectacle fini, la charmante inconnue
Se leva. Le beau cou, l'épaule à demi nue,
Se voilèrent, la main glissa dans le manchon;
Et, lorsque je la vis au seuil de sa maison

S'enfuir, je m'aperçus que je l'avais suivie.
Hélas! mon cher ami, c'est là toute ma vie.
Pendant que mon esprit cherchait sa volonté,
Mon corps avait la sienne et suivait la beauté ;
Et, quand je m'éveillai de cette rêverie,
Il ne m'en restait plus que l'image chérie :
« Sous votre aimable tête, un cou blanc, délicat,
Se plie, et de la neige effacerait l'éclat. »

Juillet 1840.

SIMONE.

CONTE IMITÉ DE BOCCACE.

J'aimais les romans à vingt ans
Aujourd'hui je n'ai plus le temps ;
Le bien perdu rend l'homme avare.
J'y veux voir moins loin, mais plus clair :
Je me console de Werther
Avec la reine de Navarre.
Et pourquoi pas ? Croyez-vous donc,
Quand on n'a qu'une page en tête,
Qu'il en faille chercher si long,
Et que tant parler soit honnête ?
Qui des deux est stérilité,
Ou l'antique sobriété
Qui n'écrit que ce qu'elle pense,
Ou la moderne intempérance
Qui croit penser dès qu'elle écrit ?
Béni soit Dieu ! les gens d'esprit
Ne sont pas rares cette année !
Mais dès qu'il nous vient une idée
Pas plus grosse qu'un petit chien,
Nous essayons d'en faire un âne.

L'idée était femme de bien,
Le livre est une courtisane.
Certes, lorsque le Florentin
Écrivait un conte, un matin,
Sans poser ni tailler sa plume,
Il aurait pu faire un volume
D'un seul mot chaste ou libertin.
Cette belle âme si hardie,
Qui pleura tant après Pavie,
Et, dans la fleur de ses beaux jours,
Quitta la France et les amours
Pour aller consoler son frère
Au fond des prisons de Madrid,
Croyez-vous qu'elle n'eût pu faire
Un roman comme Scudéry?
Elle aima mieux mettre en lumière
Une larme qui lui fut chère,
Un bon mot dont elle avait ri.
Et ceux qui lisaient son doux livre
Pouvaient passer pour connaisseurs;
C'étaient des gens qui savaient vivre,
Ayant failli mourir ailleurs,
A Rebec, à Fontarabie,
A la Bicoque, à Marignan ;
Car alors le seul vrai roman
Était l'amour de la patrie.
Mais ne parlons point de cela,
Je ne fais pas une satire,
Et je ne veux que vous traduire
Une histoire de ce temps-là.

Les gens d'esprit ni les heureux
Ne sont jamais bien amoureux :
Tout ce beau monde a trop affaire.
Les pauvres en tout valent mieux ;
Jésus leur a promis les cieux,
L'amour leur appartient sur terre.
Dans le beau pays des Toscans
Vivait jadis, au bon vieux temps,
La pauvre enfant d'un pauvre père,
Dont Simonette fut le nom ;
Fille d'humble condition,
Passablement jeune et jolie,
Avenante et douce en tout point,
Mais de l'argent n'en ayant point.
Et donc elle gagnait sa vie
De la laine qu'elle filait,
Au jour le jour, pour qui voulait.
Bien qu'elle ne pût qu'à grand'peine
Tirer son pain de cette laine,
Encor sut-elle avoir du cœur,
Et, dans sa tête florentine,
Loger la joie et la douleur.
Ce ne fut pas un grand seigneur
Qui voulut d'elle, on l'imagine,
Mais un garçon de bonne mine
Dont la besogne était d'aller,
Donnant de la laine à filer,
Pour un marchand de drap, son maître.
Pascal, c'est le nom du garçon,
Avait, en mainte occasion,

Laissé son amitié paraître;
Et, soit faute de s'y connaître,
Soit qu'elle n'y vît point de mal,
L'heure où devait venir Pascal
Mettait Simone à la fenêtre.
Là, lui répondant de son mieux,
Sans en souhaiter davantage,
En le voyant jeune et joyeux,
Elle montrait sur son visage
Le plaisir que prenaient ses yeux;
Puis, travaillant en son absence,
De tout son cœur elle filait,
Songeant, pour prendre patience,
De qui sa laine lui venait,
Et baisant tout bas son rouet,
Non sans chanter quelque romance.
D'autre part, le garçon montrait
De jour en jour un nouveau zèle
Pour sa laine, et ne trouvait rien
(J'ai dit que Simone était belle)
Qui fût plus tôt fait ni si bien
Qu'un fuseau dévidé par elle.
L'un soupirant, l'autre filant,
La saison des fleurs s'en mêlant,
Enfin, comme il n'est en ce monde
Si petite herbe sous le pié
Qu'un jour de printemps ne féconde,
Ni si fugitive amitié
Dont il ne germe une amourette,
Un jour advint que le fuseau

Tomba par terre, et la fillette
Entre les bras du jouvenceau.

Près des barrières de la ville
Était alors un beau jardin,
Lieu charmant, solitaire asile,
Ouvert pourtant soir et matin.
L'écolier, son livre à la main,
Le rêveur avec sa paresse,
L'amoureux avec sa maîtresse,
Entraient là comme en paradis,
(Car la liberté fut jadis
Un des trésors de l'Italie,
Comme la musique et l'amour).
Le bon Pascal voulut un jour
En ce lieu mener son amie,
Non pour lire ni pour rêver,
Mais voir s'ils n'y pourraient trouver
Quelque banc au coin d'une allée
Où se dire, sans trop de mots,
De ces secrets que les oiseaux
Se racontent sous la feuillée.
Sitôt formé, sitôt conclu,
Ce projet n'avait point déplu
À la brunette filandière,
Et, le dimanche étant venu,
Après avoir dit à son père
Qu'elle avait dessein d'aller faire
Ses dévotions à Saint-Gal,
Au lieu marqué, brave et légère,

Elle courut trouver Pascal.
Avant de se mettre en campagne,
Il faut savoir qu'elle avait pris,
Selon l'usage du pays,
Une voisine pour compagne ;
Ce n'est pas là comme à Paris :
L'amour ne va pas sans amis.
Bien est-il que cette voisine
Causa plus de mal que de bien.
Belle ou laide, je n'en sais rien,
Boccace la nomme Lagine.
Le jeune homme, de son côté,
Vint pareillement escorté
D'un voisin surnommé le Strambe,
Ce qui veut dire proprement
Que, sans boiter précisément,
Il louchait un peu d'une jambe.
Mais n'importe. Entrés au jardin,
Nos couples se prirent la main,
Le voisin avec la voisine,
Et chacun suivit son chemin.
Pendant que le Strambe et Lagine
Au soleil allaient faire un tour,
Cherchant à coudre un brin d'amour,
Au fond des bois sous la ramée,
Pascal, menant sa bien-aimée,
Trouva bientôt ce qu'il cherchait,
Une touffe d'herbe entassée,
Et le bonheur qui l'attendait.
Comme cette heure fut passée,

Le dira qui sait ce que c'est ;
Deux bras amis, blancs comme lait,
Un rideau vert, un lit de mousse,
La vie, hélas! c'est ce qui fait
Qu'elle est si cruelle et si douce.
Le hasard voulut que ce lieu
Fût au penchant d'une prairie.
Çà et là, comme il plaît à Dieu,
L'herbe courait fraîche et fleurie,
Et, comme un peu de causerie
Vient toujours après le plaisir,
Toujours du moins lorsque l'on aime,
Car autrement le bonheur même
Est sans espoir ni souvenir.
Nos amoureux, assis par terre,
Commencèrent à deviser,
Entre le rire et le baiser,
D'un bon dîner qu'ils voulaient faire
En ce lieu même, à leur loisir ;
La place leur devenait chère,
Il leur fallait y revenir.
Tout en jasant sous la verdure,
Le jouvenceau, par aventure,
Prit une fleur dans un buisson.
Quelle fleur? Le pauvre garçon
N'en savait rien, et je l'ignore.
N'y pouvant croire aucun danger,
Il la porta, sans y songer,
A sa lèvre brûlante encore
De ces baisers si désirés,

Et si lentement savourés.
Puis, revenant à la pensée
Qu'ils avaient tous deux caressée,
Il parla d'abord quelque temps,
Tenant cette herbe entre ses dents;
Mais il ne continua guère
Que le visage lui changea.
Pâle et mourant sur la bruyère
Tout à coup il se souleva,
Appelant Simone, et déjà
Entouré de l'ombre éternelle;
Il étendit les bras vers elle,
Perdit la parole et tomba.
Bien que ce fût chose trop claire
Qu'il eût ainsi trouvé la mort,
La pauvre Simone d'abord
Ne put croire à tant de misère
Que d'avoir perdu son ami,
Et le voir s'en aller ainsi
Sans adieu, plainte, ni prière.
Tremblante elle courut à lui,
Croyant qu'il s'était endormi
Dans quelque douleur passagère,
Et le serra tout défailli,
Non plus en amant, mais en frère.
Qu'eût-elle fait? Les pauvres gens,
Habitués à la souffrance,
Gardent jusqu'aux derniers instants
Leur unique bien, l'espérance;
Mais la mort vient, qui le leur prend.

Déjà le spectre aux mains avides
Étalait ses traces livides
Sur l'homme presque encor vivant ;
Les beaux yeux, les lèvres chéries,
Se couvraient d'un masque de sang
Marqué du fouet des Furies.
Bientôt ce corps inanimé,
Si beau naguère et tant aimé,
Fut un tel objet d'épouvante,
Que le regard de son amante
Avec horreur s'en détourna.

Aux cris que Simone jeta,
Strambe accourut avec Lagine,
Et par malheur vinrent aussi
Les gens d'une maison voisine.
Quand le peuple s'assemble ainsi,
C'est toujours sur quelque ruine.
Ici surtout ce fut le cas.
Ceux qui firent les premiers pas
Trouvèrent Simone étendue
Auprès du corps de son amant,
En sorte qu'on crut un moment
Que, par une cause inconnue,
Ils avaient expiré tous deux.
Plût au ciel ! Telle mort pour eux
Eût été douce et bienvenue.
Mais Simone rouvrit les yeux :
« Malheureuse, dit le boiteux,
Voyant son compagnon sans vie,

C'est toi qui l'as assassiné ! »
A ce mot, le peuple étonné
S'approche en foule ; on se récrie ;
Un médecin est amené.
Il voit un mort, il s'en empare,
Observe, consulte, et déclare
Que Pascal est empoisonné.
A tous ces discours, Simonette,
Ne comprenant que son chagrin,
Restait, la tête dans sa main,
Plus immobile et plus muette
Qu'une pierre sur un tombeau.
Qui devait parler? C'est Lagine.
Venant d'une âme féminine,
Un tel courage eût été beau.
Ce qu'elle fit, on le devine :
Elle se tut, faute de cœur,
Et, voyant tomber l'infamie
Sur sa compagne et son amie,
Au lieu d'avoir de son malheur
Compassion, elle en eut peur.
Moyennant quoi l'infortunée,
Seule et sans aide contre tous,
Devant le juge fut traînée,
Et là tomba sur ses genoux,
De ses larmes toute baignée,
Et plus qu'à demi condamnée.
Le juge, ayant tout entendu,
Ne se trouva pas convaincu,
Et, soupçonnant quelque mystère,

Voulut, sans remettre l'affaire,
Incontinent l'examiner.
Ne se pouvant imaginer,
Ni que la fille fût coupable,
Voyant qu'elle pleurait si fort,
Ni que le jeune homme fût mort
Sans une cause vraisemblable,
Il prit Simone par la main,
Et, s'acheminant sans mot dire,
Avec ces gens, vers le jardin,
Lui-même il voulut la conduire
Devant le corps du trépassé,
Afin qu'elle pût se défendre
En sa présence, et faire entendre
Comment le fait s'était passé.
Alors, dans sa triste mémoire
Rappelant son fidèle amour,
Du premier jusqu'au dernier jour,
Simone conta son histoire
Comme je l'ai dite à peu près, —
Bien mieux, car les pleurs seuls sont vrais.
Mais personne n'y voulut croire.
Quand elle en fut à raconter
Par quelle disgrâce inouïe
Pascal avait perdu la vie,
Voyant tout le monde en douter
Et le juge même sourire,
Pour mieux prouver son simple dire,
Elle s'en vint vers l'arbrisseau
Sous lequel le froid jouvenceau

Dormait pâle et méconnaissable ;
Puis, cueillant une fleur semblable
A cette fleur que son ami
Sur ses lèvres avait placée,
Sa pauvre âme eut une pensée,
Qui fut de faire comme lui.
Fut-ce douleur, crainte, ignorance?
Qu'importe? Pascal l'attendait,
Ouvrant ses bras qu'il lui tendait,
Dans un asile où l'espérance
N'a plus à craindre le malheur.
Sitôt qu'elle eut touché la fleur,
Elle mourut. — Ames heureuses,
A qui Dieu fit cette faveur
De partir encore amoureuses,
De vous rejoindre sur le seuil,
L'un joyeux, l'autre à peine en deuil,
Et de finir votre misère
En vous embrassant sur la terre,
Pour aller aussitôt après
Là-haut vous aimer à jamais !

Or maintenant quelle est la plante
Qui sut tirer si promptement
De tant de délices l'amant,
De tant de désespoir l'amante?
Boccace dit en peu de mots,
Dans sa simplesse accoutumée,
Que la cause de tant de maux
Fut une sauge envenimée

Par un crapaud ; mais, Dieu merci !
Nous en savons trop aujourd'hui
Pour croire aux erreurs de nos pères.
Ce serait un cent de vipères,
Qu'un enfant leur rirait au nez.
Quand les gens sont empoisonnés,
Dans notre siècle de lumière,
On n'y croit pas si promptement.
N'en restât-il qu'un ossement,
Il faut qu'il sorte de la terre,
Pour prouver par-devant notaire
Qu'il est mort de telle manière,
A telle heure, et non autrement.
Pauvre bon homme de Florence,
A qui, selon toute apparence,
Dans les faubourgs de la cité
Ce conte avait été conté,
Qui l'aurait voulu croire en France ?
Braves gens qui riez déjà,
L'histoire n'en est pas moins vraie.
Cherchez la plante, et trouvez-la.
Demain peut-être on la verra
Dans le sentier ou dans la haie ;
La Faculté l'appellera
Pavot, ciguë, ou belladone.
Ici-bas tout peut se prouver.
Le plus difficile à trouver
N'est pas la plante, c'est Simone.

Octobre 1840

SOUVENIR.

J'espérais bien pleurer, mais je croyais souffrir
En osant te revoir, place à jamais sacrée,
O la plus chère tombe et la plus ignorée
      Où dorme un souvenir !

Que redoutiez-vous donc de cette solitude,
Et pourquoi, mes amis, me preniez-vous la main,
Alors qu'une si douce et si vieille habitude
      Me montrait ce chemin ?

Les voilà, ces coteaux, ces bruyères chéries,
Et ces pas argentins sur le sable muet,
Ces sentiers amoureux, remplis de causeries,
      Où son bras m'enlaçait.

Les voilà, ces sapins à la sombre verdure,
Cette gorge profonde aux nonchalants détours,
Ces sauvages amis, dont l'antique murmure
      A bercé mes beaux jours.

SOUVENIR.

Les voilà, ces buissons où toute ma jeunesse,
Comme un essaim d'oiseaux, chante au bruit de mes pas
Lieux charmants, beau désert où passa ma maîtresse,
  Ne m'attendiez-vous pas?

Ah! laissez-les couler, elles me sont bien chères,
Ces larmes que soulève un cœur encor blessé !
Ne les essuyez pas, laissez sur mes paupières
  Ce voile du passé!

Je ne viens point jeter un regret inutile
Dans l'écho de ces bois témoins de mon bonheur.
Fière est cette forêt dans sa beauté tranquille,
  Et fier aussi mon cœur.

Que celui-là se livre à des plaintes amères,
Qui s'agenouille et prie au tombeau d'un ami.
Tout respire en ces lieux, les fleurs des cimetières
  Ne poussent point ici.

Voyez! la lune monte à travers ces ombrages.
Ton regard tremble encor, belle reine des nuits;
Mais du sombre horizon déjà tu te dégages,
  Et tu t'épanouis.

Ainsi de cette terre, humide encor de pluie,
Sortent, sous tes rayons, tous les parfums du jour;
Aussi calme, aussi pur, de mon âme attendrie
  Sort mon ancien amour.

Que sont-ils devenus, les chagrins de ma vie ?
Tout ce qui m'a fait vieux est bien loin maintenant ;
Et, rien qu'en regardant cette vallée amie,
    Je redeviens enfant.

O puissance du temps ! ô légères années !
Vous emportez nos pleurs, nos cris et nos regrets ;
Mais la pitié vous prend, et sur nos fleurs fanées
    Vous ne marchez jamais.

Tout mon cœur te bénit, bonté consolatrice !
Je n'aurais jamais cru que l'on pût tant souffrir
D'une telle blessure, et que sa cicatrice
    Fût si douce à sentir.

Loin de moi les vains mots, les frivoles pensées,
Des vulgaires douleurs linceul accoutumé,
Que viennent étaler sur leurs amours passées
    Ceux qui n'ont point aimé !

Dante, pourquoi dis-tu qu'il n'est pire misère
Qu'un souvenir heureux dans les jours de douleur ?
Quel chagrin t'a dicté cette parole amère,
    Cette offense au malheur ?

En est-il donc moins vrai que la lumière existe,
Et faut-il l'oublier du moment qu'il fait nuit ?
Est-ce bien toi, grande âme immortellement triste,
    Est-ce toi qui l'as dit ?

Non, par ce pur flambeau dont la splendeur m'éclaire,
Ce blasphème vanté ne vient pas de ton cœur.
Un souvenir heureux est peut-être sur terre
    Plus vrai que le bonheur.

Eh quoi ! l'infortuné qui trouve une étincelle
Dans la cendre brûlante où dorment ses ennuis,
Qui saisit cette flamme et qui fixe sur elle
    Ses regards éblouis ;

Dans ce passé perdu quand son âme se noie,
Sur ce miroir brisé lorsqu'il rêve en pleurant,
Tu lui dis qu'il se trompe, et que sa faible joie
    N'est qu'un affreux tourment !

Et c'est à ta Françoise, à ton ange de gloire,
Que tu pouvais donner ces mots à prononcer,
Elle qui s'interrompt, pour conter son histoire,
    D'un éternel baiser !

Qu'est-ce donc, juste Dieu, que la pensée humaine,
Et qui pourra jamais aimer la vérité,
S'il n'est joie ou douleur si juste et si certaine
    Dont quelqu'un n'ait douté ?

Comment vivez-vous donc, étranges créatures ?
Vous riez, vous chantez, vous marchez à grands pas ;
Le ciel et sa beauté, le monde et ses souillures
    Ne vous dérangent pas ;

Mais, lorsque par hasard le destin vous ramène
Vers quelque monument d'un amour oublié,
Ce caillou vous arrête, et cela vous fait peine
  Qu'il vous heurte le pié.

Et vous criez alors que la vie est un songe ;
Vous vous tordez les bras comme en vous réveillant,
Et vous trouvez fâcheux qu'un si joyeux mensonge
  Ne dure qu'un instant.

Malheureux ! cet instant où votre âme engourdie
A secoué les fers qu'elle traîne ici-bas,
Ce fugitif instant fut toute votre vie ;
  Ne le regrettez pas !

Regrettez la torpeur qui vous cloue à la terre,
Vos agitations dans la fange et le sang,
Vos nuits sans espérance et vos jours sans lumière :
  C'est là qu'est le néant !

Mais que vous revient-il de vos froides doctrines ?
Que demandent au ciel ces regrets inconstants
Que vous allez semant sur vos propres ruines,
  A chaque pas du Temps ?

Oui, sans doute, tout meurt ; ce monde est un grand rêve ;
Et le peu de bonheur qui nous vient en chemin,
Nous n'avons pas plus tôt ce roseau dans la main,
  Que le vent nous l'enlève.

Oui, les premiers baisers, oui, les premiers serments
Que deux êtres mortels échangèrent sur terre,
Ce fut au pied d'un arbre effeuillé par les vents,
    Sur un roc en poussière.

Ils prirent à témoin de leur joie éphémère
Un ciel toujours voilé qui change à tout moment,
Et des astres sans nom que leur propre lumière
    Dévore incessamment.

Tout mourait autour d'eux, l'oiseau dans le feuillage,
La fleur entre leurs mains, l'insecte sous leurs piés,
La source desséchée où vacillait l'image
    De leurs traits oubliés;

Et sur tous ces débris joignant leurs mains d'argile,
Étourdis des éclairs d'un instant de plaisir,
Ils croyaient échapper à cet Être immobile
    Qui regarde mourir!

— Insensés! dit le sage. — Heureux! dit le poëte.
Et quels tristes amours as-tu donc dans le cœur,
Si le bruit du torrent te trouble et t'inquiète,
    Si le vent te fait peur?

J'ai vu sous le soleil tomber bien d'autres choses
Que les feuilles des bois et l'écume des eaux,
Bien d'autres s'en aller que le parfum des roses
    Et le chant des oiseaux.

Mes yeux ont contemplé des objets plus funèbres
Que Juliette morte au fond de son tombeau,
Plus affreux que le toast à l'ange des ténèbres
  Porté par Roméo.

J'ai vu ma seule amie, à jamais la plus chère,
Devenue elle-même un sépulcre blanchi,
Une tombe vivante où flottait la poussière
  De notre mort chéri,

De notre pauvre amour, que, dans la nuit profonde,
Nous avions sur nos cœurs si doucement bercé !
C'était plus qu'une vie, hélas ! c'était un monde
  Qui s'était effacé !

Oui, jeune et belle encor, plus belle, osait-on dire,
Je l'ai vue, et ses yeux brillaient comme autrefois.
Ses lèvres s'entr'ouvraient, et c'était un sourire,
  Et c'était une voix ;

Mais non plus cette voix, non plus ce doux langage,
Ces regards adorés dans les miens confondus ;
Mon cœur, encor plein d'elle, errait sur son visage,
  Et ne la trouvait plus.

Et pourtant j'aurais pu marcher alors vers elle,
Entourer de mes bras ce sein vide et glacé,
Et j'aurais pu crier : « Qu'as-tu fait, infidèle,
  Qu'as-tu fait du passé ? »

Mais non : il me semblait qu'une femme inconnue
Avait pris par hasard cette voix et ces yeux ;
Et je laissai passer cette froide statue
    En regardant les cieux.

Eh bien ! ce fut sans doute une horrible misère
Que ce riant adieu d'un être inanimé.
Eh bien ! qu'importe encore ? O nature ! ô ma mère !
    En ai-je moins aimé ?

La foudre maintenant peut tomber sur ma tête ;
Jamais ce souvenir ne peut m'être arraché !
Comme le matelot brisé par la tempête,
    Je m'y tiens attaché.

Je ne veux rien savoir, ni si les champs fleurissent,
Ni ce qu'il adviendra du simulacre humain,
Ni si ces vastes cieux éclaireront demain
    Ce qu'ils ensevelissent.

Je me dis seulement : « A cette heure, en ce lieu,
Un jour, je fus aimé, j'aimais, elle était belle.
J'enfouis ce trésor dans mon âme immortelle,
    Et je l'emporte à Dieu ! »

Février 1841

LE RHIN ALLEMAND[1],

PAR BECKER.

TRADUCTION FRANÇAISE.

Ils ne l'auront pas, le libre Rhin allemand, quoiqu'ils le demandent dans leurs cris comme des corbeaux avides ;

Aussi longtemps qu'il roulera paisible, portant sa robe verte ; aussi longtemps qu'une rame frappera ses flots.

Ils ne l'auront pas, le libre Rhin allemand, aussi longtemps que les cœurs s'abreuveront de son vin de feu ;

Aussi longtemps que les rocs s'élèveront au milieu de son courant ; aussi longtemps que les hautes cathédrales se refléteront dans son miroir.

[1]. Cette chanson a été très-répandue en Allemagne, lors des événements de 1840.

Ils ne l'auront pas, le libre Rhin allemand, aussi longtemps que de hardis jeunes gens feront la cour aux jeunes filles élancées.

Ils ne l'auront pas, le libre Rhin allemand, jusqu'à ce que les ossements du dernier homme soient ensevelis dans ses vagues.

LE RHIN ALLEMAND.

RÉPONSE A LA CHANSON DE BECKER.

Nous l'avons eu, votre Rhin allemand :
  Il a tenu dans notre verre.
  Un couplet qu'on s'en va chantant
  Efface-t-il la trace altière
Du pied de nos chevaux marqué dans votre sang ?

Nous l'avons eu, votre Rhin allemand
  Son sein porte une plaie ouverte,
  Du jour où Condé triomphant
  A déchiré sa robe verte.
Où le père a passé, passera bien l'enfant.

Nous l'avons eu, votre Rhin allemand.
  Que faisaient vos vertus germaines,
  Quand notre César tout-puissant
  De son ombre couvrait vos plaines ?
Où donc est-il tombé, ce dernier ossement ?

Nous l'avons eu, votre Rhin allemand.
Si vous oubliez votre histoire,
Vos jeunes filles, sûrement,
Ont mieux gardé notre mémoire;
Elles nous ont versé votre petit vin blanc.

S'il est à vous, votre Rhin allemand,
Lavez-y donc votre livrée,
Mais parlez-en moins fièrement.
Combien, au jour de la curée,
Étiez-vous de corbeaux contre l'aigle expirant?

Qu'il coule en paix, votre Rhin allemand;
Que vos cathédrales gothiques
S'y reflètent modestement!
Mais craignez que vos airs bachiques
Ne réveillent les morts de leur repos sanglant.

1ᵉʳ Juin 1841.

SUR LA PARESSE.

A M. BULOZ.

« Oui, j'écris rarement et me plais de le faire :
Non pas que la paresse en moi soit ordinaire ;
Mais, sitôt que je prends la plume à ce dessein,
Je crois prendre en galère une rame à la main. »

Qui croyez-vous, mon cher, qui parle de la sorte?
C'est Alfred, direz-vous, ou le diable m'emporte !
Non, ami. Plût à Dieu que j'eusse dit si bien
Et si net et si court pourquoi je ne dis rien !
L'esprit mâle et hautain dont la sobre pensée
Fut dans ces rudes vers librement cadencée,
(Otez votre chapeau) c'est Mathurin Regnier,
De l'immortel Molière immortel devancier ;
Qui ploya notre langue, et dans sa cire molle
Sut pétrir et dresser la romaine hyperbole ;
Premier maître jadis sous lequel j'écrivis,
Alors que du voisin je prenais les avis,
Et qui me fut montré, dans l'âge où tout s'ignore,

Par de plus fiers que moi, qui l'imitent encore ;
Mais la cause était bonne, et, quel qu'en soit l'effet,
Quiconque m'a fait voir cette route a bien fait.
Or je me demandais hier dans la solitude :
Ce cœur sans peur, sans gêne et sans inquiétude,
Qui vécut et mourut dans un si brave ennui,
S'il se taisait jadis qu'eût-il fait aujourd'hui ?
Alors à mon esprit se présentaient en hâte
Nos vices, nos travers, et toute cette pâte
Dont il aurait su faire un plat de son métier
A nous désopiler pendant un siècle entier :
D'abord le grand fléau qui nous rend tous malades,
Le seigneur Journalisme et ses pantalonnades ;
Ce droit quotidien qu'un sot a de berner
Trois ou quatre milliers de sots, à déjeuner ;
Le règne du papier, l'abus de l'écriture,
Qui d'un plat feuilleton fait une dictature,
Tonneau d'encre bourbeux par Fréron défoncé,
Dont, jusque sur le trône, on est éclaboussé ;
En second lieu, nos mœurs, qui se croient plus sévères,
Parce que nous cachons et nous rinçons nos verres,
Quand nous avons commis dans quelque coin honteux
Ces éternels péchés dont pouffaient nos aïeux ;
Puis nos discours pompeux, nos fleurs de bavardage,
L'esprit européen de nos coqs de village,
Ce bel art si choisi d'offenser poliment,
Et de se souffleter parlementairement ;
Puis, nos livres mort-nés, nos poussives chimères,
Pâture des portiers ; et ces pauvres commères,
Qui, par besoin d'amants ou faute de maris,

Font du moins leur besogne en pondant leurs écrits ;
Ensuite, un mal profond, la croyance envolée,
La prière inquiète, errante et désolée,
Et, pour qui joint les mains, pour qui lève les yeux,
Une croix en poussière et le désert aux cieux.
Ensuite, un mal honteux, le bruit de la monnaie,
La jouissance brute, et qui croit être vraie,
La mangeaille, le vin, l'égoïsme hébété,
Qui se berce en ronflant dans sa brutalité ;
Puis un tyran moderne, une peste nouvelle,
La médiocrité qui ne comprend rien qu'elle,
Qui, pour chauffer la cuve où son fer fume et bout,
Y jetterait le bronze où César est debout,
Instinct de la basoche, odeur d'épicerie,
Qui fait lever le cœur à la mère patrie,
Capable, avec le temps, de la déshonorer,
Si sa fierté native en pouvait s'altérer ;
Ensuite, un tort léger, tant il est ridicule,
Et qui ne vaut pas même un revers de férule,
Les lamentations des chercheurs d'avenir,
Ceux qui disent : « Ma sœur, ne vois-tu rien venir ? »
Puis, un mal dangereux qui touche à tous les crimes,
La sourde ambition de ces tristes maximes
Qui ne sont même pas de vieilles vérités,
Et qu'on vient nous donner comme des nouveautés,
Vieux galons de Rousseau, défroque de Voltaire,
Carmagnole en haillons volée à Robespierre,
Charmante garde-robe où sont emmaillottés
Du peuple souverain les courtisans crottés,
Puis enfin, tout au bas, la dernière de toutes,

La fièvre de ces fous qui s'en vont par les routes
Arracher la charrue aux mains du laboureur,
Dans l'atelier désert corrompre le malheur,
Au nom d'un Dieu de paix qui nous prescrit l'aumône,
Traîner au carrefour le pauvre qui frissonne,
D'un fer rouillé de sang armer sa maigre main,
Et se sauver dans l'ombre en poussant l'assassin.

Qu'aurait dit à cela ce grand traîneur d'épée,
Ce flâneur « qui prenait les vers à la pipée ? »
Si dans ce gouffre obscur son regard eût plongé,
Sous quel étrange aspect l'eût-il envisagé ?
Quelle affreuse tristesse ou quel rire homérique
Eût ouvert ou serré ce cœur mélancolique ?
Se fût-il contenté de nous prendre en pitié,
De consoler sa vie avec quelque amitié,
Et de laisser la foule étourdir ses oreilles,
Comme un berger qui dort au milieu des abeilles ?
Ou bien, le cœur ému d'un mépris généreux,
Aurait-il là-dessus versé, comme un vin vieux,
Ses hardis hiatus, flot jailli du Parnasse,
Où Despréaux mêla sa tisane à la glace ?
Certes, s'il eût parlé, ses robustes gros mots
Auraient de pied en cap ébouriffé les sots.
Qu'il se fût abattu sur une telle proie,
L'ombre de Juvénal en eût frémi de joie,
Et sur ce noir torrent qui mène tout à rien
Quelques mots flotteraient, dits pour les gens de bien.
Franchise du vieux temps, muse de la patrie,
Où sont ta verte allure et ta sauvagerie ?

Comme ils tressailliraient, les paternels tombeaux,
Si ta voix douce et rude en frappait les échos !
Comme elles tomberaient, nos gloires mendiées,
De patois étrangers nos muses barbouillées,
Devant toi qui puisas ton immortalité
Dans ta beauté féconde et dans ta liberté !
Avec quelle rougeur et quel piteux visage
Notre bégueulerie entendrait ton langage,
Toi qu'un juron gaulois n'a jamais fait bouder,
Et qui, ne craignant rien, ne sais rien marchander !
Quel régiment de fous, que de marionnettes,
Quel troupeau de mulets dandinant leurs sonnettes,
Quelle procession de pantins désolés,
Passeraient devant nous, par ta voix appelés !
Et quel plaisir de voir, sans masque ni lisières,
A travers le chaos de nos folles misères,
Courir en souriant tes beaux vers ingénus,
Tantôt légers, tantôt boiteux, toujours pieds nus !
Gaîté, génie heureux, qui fut jadis le nôtre,
Rire dont on riait d'un bout du monde à l'autre,
Esprit de nos aïeux, qui te réjouissais
Dans l'éternel bon sens, lequel est né français,
Fleurs de notre pays, qu'êtes-vous devenues ?
L'aigle s'est-il lassé de planer dans les nues,
Et de tenir toujours son regard arrêté
Sur l'astre tout-puissant d'où jaillit la clarté ?

Voilà donc, l'autre soir, quelle était ma pensée,
Et plus je m'y tenais la cervelle enfoncée,
Moins je m'imaginais que le vieux Mathurin

Eût montré, de ce temps, ni gaîté ni chagrin.
« Eh quoi ! me direz-vous, il nous eût laissés faire,
Lui qu'un mauvais dîner pouvait mettre en colère !
Lui qui s'effarouchait, grand enfant sans raison,
D'une femme infidèle et d'une trahison !
Lui qui se redressait, comme un serpent dans l'herbe,
Pour une balourdise échappée à Malherbe,
Et qui poussa l'oubli de tout respect humain
Jusqu'à daigner rosser Berthelot de sa main ! »
Oui, mon cher, ce même homme, et par la raison même
Que son cœur débordant poussait tout à l'extrême,
Et qu'au moindre sujet qui venait l'animer,
Sachant si bien haïr, il savait tant aimer.
Il eût trouvé ce siècle indigne de satire,
Trop vain pour en pleurer, trop triste pour en rire,
Et, quel qu'en fût son rêve, il l'eût voulu garder.
Il n'est que trop facile, à qui sait regarder,
De comprendre pourquoi tout est malade en France ;
Le mal des gens d'esprit, c'est leur indifférence,
Celui des gens de cœur, leur inutilité.
Mais à quoi bon venir prêcher la vérité,
Et devant les badauds étaler sa faconde,
Pour répéter en vers ce que dit tout le monde ?
Sur notre état présent qui s'abuse aujourd'hui ?
Comme dit Figaro. « Qui trompe-t-on ici ? »
D'ailleurs, est-ce un plaisir d'exprimer sa pensée ?
L'hirondelle s'envole, un goujat l'a blessée ;
Elle tombe, palpite et meurt, et le passant
Aperçoit par hasard son pied taché de sang.
Hélas ! pensée écrite, hirondelle envolée !

Dieu sait par quel chemin elle s'en est allée !
Et quelle main la tue au sortir de son nid !
Non, j'en suis convaincu, Mathurin n'eût rien dit.

Ce n'est pas, en parlant, qu'il en eût craint la suite ;
Sa tête allait bon train, son cœur encor plus vite,
Et de lui dire non à ce qu'il avait vu
Un journaliste même eût été mal venu.
Il n'eût pas craint non plus que sa faveur trahie
Eût fait au cardinal rayer son abbaye ;
Des compliments de cour et des canonicats,
Si ce n'est pour l'argent, il n'en fit pas grand cas.
Encor moins eût-il craint qu'on fût venu lui dire :
« Et vous, d'où venez-vous pour faire une satire ?
De quel droit parlez-vous, n'ayant jamais rien fait
Que d'aller chez Margot, sortant du cabaret ? »
Car il eût répondu : « N'en soyez point en peine ;
Plus que votre bon sens ma déraison est saine ;
Chancelant que je suis de ce jus du caveau,
Plus honnête est mon cœur, et plus franc mon cerveau
Que vos grands airs chantés d'un ton de Jérémie. »
A la barbe du siècle il eût aimé sa mie,
Et qui l'eût abordé n'aurait eu pour tout prix
Que beaucoup de silence, et qu'un peu de mépris.

Ami, vous qui voyez vivre et qui savez comme,
Vous dont l'habileté fut d'être un honnête homme,
A vous s'en vont ces vers, au hasard ébauchés,
Qui vaudraient encor moins s'ils étaient plus cherchés.
Mais vous me reprochez sans cesse mon silence ;

C'est vrai : l'ennui m'a pris de penser en cadence,
Et c'est pourquoi, lisant ces vers d'un fainéant,
Qui n'a fait que trois pas, mais trois pas de géant,
De vous les envoyer il m'a pris fantaisie,
Afin que vous sachiez comment la poésie
A vécu de tout temps, et que les paresseux
Ont été quelquefois des gens aimés des dieux.
Après cela, mon cher, je désire et j'espère
(Pour finir à peu près par un vers de Molière)
Que vous vous guérirez du soin que vous prenez
De me venir toujours jeter ma lyre au nez.

Décembre 1841.

MARIE.

SONNET.

Ainsi, quand la fleur printanière
Dans les bois va s'épanouir,
Au premier souffle du zéphyr
Elle sourit avec mystère,

Et sa tige fraîche et légère,
Sentant son calice s'ouvrir,
Jusque dans le sein de la terre
Frémit de joie et de désir.

Ainsi, quand ma douce Marie
Entr'ouvre sa lèvre chérie,
Et lève en chantant ses yeux bleus,

Dans l'harmonie et la lumière
Son âme semble tout entière
Monter en tremblant vers les cieux

1842.

RAPPELLE-TOI.

(VERGISS MEIN NICHT.)

PAROLES FAITES SUR LA MUSIQUE DE MOZART.

Rappelle-toi, quand l'Aurore craintive
Ouvre au Soleil son palais enchanté ;
Rappelle-toi, lorsque la nuit pensive
Passe en rêvant sous son voile argenté ;
A l'appel du plaisir lorsque ton sein palpite,
Aux doux songes du soir lorsque l'ombre t'invite,
    Écoute au fond des bois
    Murmurer une voix —
    Rappelle-toi.

Rappelle-toi, lorsque les destinées
M'auront de toi pour jamais séparé,
Quand le chagrin, l'exil et les années
Auront flétri ce cœur désespéré ;
Songe à mon triste amour, songe à l'adieu suprême !
L'absence ni le temps ne sont rien quand on aime.
    Tant que mon cœur battra,
    Toujours il te dira :
    Rappelle-toi.

Rappelle-toi, quand sous la froide terre
Mon cœur brisé pour toujours dormira ;
Rappelle-toi, quand la fleur solitaire
Sur mon tombeau doucement s'ouvrira.
Tu ne me verras plus ; mais mon âme immortelle
Reviendra près de toi comme une sœur fidèle.
   Ecoute, dans la nuit,
   Une voix qui gémit —
    Rappelle-toi.

1842.

RONDEAU.

Fut-il jamais douceur de cœur pareille
A voir Manon dans mes bras sommeiller?
Son front coquet parfume l'oreiller;
Dans son beau sein j'entends son cœur qui veille.
Un songe passe, et s'en vient l'égayer.

Ainsi s'endort une fleur d'églantier,
Dans son calice enfermant une abeille.
Moi, je la berce; un plus charmant métier
      Fut-il jamais?

Mais le jour vient, et l'Aurore vermeille
Effeuille au vent son bouquet printanier.
Le peigne en main et la perle à l'oreille,
A son miroir Manon court m'oublier.
Hélas! l'amour sans lendemain ni veille
      Fut-il jamais?

1842.

A MADAME G***

SONNET.

C'est mon avis qu'en route on s'expose à la pluie,
Au vent, à la poussière, et qu'on peut, le matin,
S'éveiller chiffonnée avec un mauvais teint,
Et qu'à la longue, en poste, un tête-à-tête ennuie.

C'est mon avis qu'au monde il n'est pire folie
Que d'embarquer l'amour pour un pays lointain.
Quoi qu'en dise Héloïse ou madame Cottin,
Dans un miroir d'auberge on n'est jamais jolie.

C'est mon avis qu'en somme un bas blanc bien tiré,
Sur une robe blanche un beau ruban moiré,
Et des ongles bien nets, sont le bonheur suprême.

Que dites-vous, madame, à ce raisonnement ?
Un point, à ce sujet, m'étonne seulement :
C'est qu'on n'a pas le temps d'y penser quand on aime.

1842.

A MADAME G***

RONDEAU.

Dans dix ans d'ici seulement,
Vous serez un peu moins cruelle.
C'est long, à parler franchement.
L'amour viendra probablement
Donner à l'horloge un coup d'aile.

Votre beauté nous ensorcelle,
Prenez-y garde cependant :
On apprend plus d'une nouvelle
      En dix ans.

Quand ce temps viendra, d'un amant
Je serai le parfait modèle,
Trop bête pour être inconstant,
Et trop laid pour être infidèle.
Mais vous serez encor trop belle
      Dans dix ans.

1842.

SUR UNE MORTE.

Elle était belle, si la Nuit
Qui dort dans la sombre chapelle
Où Michel-Ange a fait son lit,
Immobile, peut être belle.

Elle était bonne, s'il suffit
Qu'en passant la main s'ouvre et donne,
Sans que Dieu n'ait rien vu, rien dit ;
Si l'or sans pitié fait l'aumône.

Elle pensait, si le vain bruit
D'une voix douce et cadencée,
Comme le ruisseau qui gémit,
Peut faire croire à la pensée.

Elle priait, si deux beaux yeux,
Tantôt s'attachant à la terre,
Tantôt se levant vers les cieux,
Peuvent s'appeler la prière.

Elle aurait souri, si la fleur
Qui ne s'est point épanouie
Pouvait s'ouvrir à la fraîcheur
Du vent qui passe et qui l'oublie.

Elle aurait pleuré, si sa main,
Sur son cœur froidement posée,
Eût jamais dans l'argile humain
Senti la céleste rosée.

Elle aurait aimé, si l'orgueil,
Pareil à la lampe inutile
Qu'on allume près d'un cercueil,
N'eût veillé sur son cœur stérile.

Elle est morte, et n'a point vécu ;
Elle faisait semblant de vivre.
De ses mains est tombé le livre
Dans lequel elle n'a rien lu.

Octobre 1842.

APRÈS UNE LECTURE.

I

Ton livre est ferme et franc, brave homme! il fait aimer.
Au milieu des bavards qui se font imprimer,
Des grands noms inconnus dont la France est lassée,
Et de ce bruit honteux qui salit la pensée,
Il est doux de rêver avant de le fermer,
Ton livre, et de sentir tout son cœur s'animer.

II

L'avez-vous jamais lu, marquise? et toi, Lisette?
Car ce n'est que pour vous, grande dame ou grisette,
Sexe adorable, absurde, exécrable et charmant,
Que ce pauvre badaud qu'on appelle un poëte
Par tous les temps qu'il fait s'en va le nez au vent,
Toujours fier et trompé, toujours humble et rêvant.

III

Que nous font, je vous prie, et que pourraient nous faire,
A nous autres, rimeurs, de qui la grande affaire
Est de nous consoler en arrangeant des mots,
Que nous font les sifflets, les cris ou les bravos ?
Nous chantons à tue-tête ; il faut bien que la terre
Nous réponde, après tout, par quelques vains échos.

IV

Mais quel bien fait le bruit, et qu'importe la gloire ?
Est-on plus ou moins mort quand on est embaumé ?
Qu'importe un écolier, sachant trois mots d'histoire,
Qui tire son bonnet devant une écritoire,
Ou salue en passant un marbre inanimé ?
Être admiré n'est rien ; l'affaire est d'être aimé.

V

Vive le vieux roman, vive la page heureuse
Que tourne sur la mousse une belle amoureuse !
Vive d'un doigt coquet le livre déchiré,
Qu'arrose dans le bain le robinet doré !
Et, que tous les pédants frappent leur tête creuse,
Vive le mélodrame où Margot a pleuré !

VI

Oh! oh! dira quelqu'un, la chose est un peu rude.
N'est-ce rien de rimer avec exactitude?
Et pourquoi mettrait-on son fils en pension,
Si, pour unique juge, après quinze ans d'étude,
On n'a qu'une cornette au bout d'un cotillon?
J'en suis bien désolé, c'est mon opinion.

VII

Les femmes, j'en conviens, sont assez ignorantes.
On ne dit pas tout haut ce qui les rend contentes;
Et comme, en général, un peu de fausseté
Est leur plus grand plaisir après la vanité,
On en peut, par hasard, trouver qui sont méchantes.
Mais qu'y voulez-vous faire? elles ont la beauté.

VIII

Or, la beauté, c'est tout. Platon l'a dit lui-même :
La beauté, sur la terre, est la chose suprême.
C'est pour nous la montrer qu'est faite la clarté.
Rien n'est beau que le vrai, dit un vers respecté;
Et moi, je lui réponds, sans crainte d'un blasphème :
Rien n'est vrai que le beau, rien n'est vrai sans beauté.

IX

Quand le soleil entra dans sa route infinie,
A son premier regard, de ce monde imparfait
Sortit le peu de bien que le ciel avait fait :
De la beauté l'amour, de l'amour l'harmonie ;
Dans ce rayon divin s'élança le génie ;
Voilà pourquoi je dis que Margot s'y connaît.

X

Et j'en dirais bien plus si je me laissais faire.
Ma poétique, un jour, si je puis la donner,
Sera bien autrement savante et salutaire.
C'est trop peu que d'aimer, c'est trop peu que de plaire :
Le jour où l'Hélicon m'entendra sermonner,
Mon premier point sera qu'il faut déraisonner.

XI

Celui qui ne sait pas, quand la brise étouffée
Soupire au fond des bois son tendre et long chagrin,
Sortir seul au hasard, chantant quelque refrain,
Plus fou qu'Ophélia de romarin coiffée,
Plus étourdi qu'un page amoureux d'une fée,
Sur son chapeau cassé jouant du tambourin ;

XII

Celui qui ne voit pas, dans l'aurore empourprée,
Flotter, les bras ouverts, une ombre idolâtrée;
Celui qui ne sent pas, quand tout est endormi,
Quelque chose qui l'aime errer autour de lui;
Celui qui n'entend pas une voix éplorée
Murmurer dans la source et l'appeler ami;

XIII

Celui qui n'a pas l'âme à tout jamais aimante,
Qui n'a pas pour tout bien, pour unique bonheur,
De venir lentement poser son front rêveur
Sur un front jeune et frais, à la tresse odorante,
Et de sentir ainsi d'un tête charmante
La vie et la beauté descendre dans son cœur,

XIV

Celui qui ne sait pas, durant les nuits brûlantes
Qui font pâlir d'amour l'étoile de Vénus,
Se lever en sursaut, sans raison, les pieds nus,
Marcher, prier, pleurer des larmes ruisselantes,
Et devant l'infini joindre des mains tremblantes,
Le cœur plein de pitié pour des maux inconnus;

XV

Que celui-là rature et barbouille à son aise !
Il peut, tant qu'il voudra, rimer à tour de bras,
Ravauder l'oripeau qu'on appelle antithèse,
Et s'en aller ainsi jusqu'au Père-Lachaise,
Traînant à ses talons tous les sots d'ici-bas ;
Grand homme, si l'on veut ; mais poëte, non pas.

XVI

Certes, c'est une vieille et vilaine famille
Que celle des frelons et des imitateurs ;
Allumeurs de quinquets, qui voudraient être acteurs
Aristophane en rit, Horace les étrille.
Mais ce n'est rien auprès des versificateurs.
Le dernier des humains est celui qui cheville.

XVII

Est-il, je le demande, un plus triste souci
Que celui d'un niais qui veut dire une chose,
Et qui ne la dit pas, faute d'écrire en prose ?
J'ai fait de mauvais vers, c'est vrai ; mais, Dieu merci !
Lorsque je les ai faits, je les voulais ainsi,
Et de Wailly ni Boiste, au moins, n'en sont la cause.

XVIII

Non, je ne connais pas de métier plus honteux,
Plus sot, plus dégradant pour la pensée humaine,
Que de se mettre ainsi la cervelle à la gêne,
Pour écrire trois mots quand il n'en faut que deux,
Traiter son propre cœur comme un chien qu'on enchaîne,
Et fausser jusqu'aux pleurs que l'on a dans les yeux.

XIX

O toi qu'appelle encor ta patrie abaissée,
Dans ta tombe précoce à peine refroidi,
Sombre amant de la Mort, pauvre Leopardi [1],
Si, pour faire une phrase un peu mieux cadencée,
Il t'eût fallu jamais toucher à ta pensée,
Qu'aurait-il répondu, ton cœur simple et hardi ?

XX

Telle fut la vigueur de ton sobre génie,
Tel fut ton chaste amour pour l'âpre vérité,
Qu'au milieu des langueurs du parler d'Ausonie
Tu dédaignas la rime et sa molle harmonie,
Pour ne laisser vibrer sur ton luth irrité
Que l'accent du malheur et de la liberté.

---

1. L'un des poëtes les plus remarquables de l'Italie moderne, mort en 1837.

XXI

Et pourtant il s'y mêle une douceur divine ;
Hélas ! c'est ton amour, c'est la voix de Nérine,
Nérine aux yeux brillants qui te faisaient pâlir,
Celle que tu nommais ton « éternel soupir. »
Hélas ! sa maison peinte au pied de la colline
Resta déserte un jour, et tu la vis mourir ;

XXII

Et tu mourus aussi. Seul, l'âme désolée,
Mais toujours calme et bon, sans te plaindre du sort,
Tu marchais en chantant dans ta route isolée.
L'heure dernière vint, tant de fois appelée.
Tu la vis arriver sans crainte et sans remord,
Et tu goûtas enfin le *charme de la mort*

Novembre 1842.

A MADAME M***

SONNET.

Non, quand bien même une amère souffrance
Dans ce cœur mort pourrait se ranimer ;
Non, quand bien même une fleur d'espérance
Sur mon chemin pourrait encor germer ;

Quand la pudeur, la grâce et l'innocence
Viendraient en toi me plaindre et me charmer,
Non, chère enfant, si belle d'ignorance,
Je ne saurais, je n'oserais t'aimer.

Un jour pourtant il faudra qu'il te vienne,
L'instant suprême où l'univers n'est rien.
De mon respect alors qu'il te souvienne !

Tu trouveras, dans la joie ou la peine,
Ma triste main pour soutenir la tienne,
Mon triste cœur pour écouter le tien.

1843.

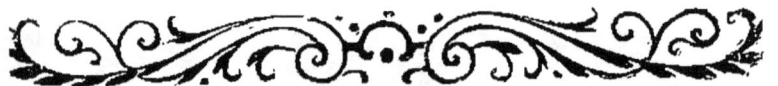

A M. VICTOR HUGO.

SONNET.

Il faut, dans ce bas monde, aimer beaucoup de choses,
Pour savoir, après tout, ce qu'on aime le mieux :
Les bonbons, l'Océan, le jeu, l'azur des cieux,
Les femmes, les chevaux, les lauriers et les roses.

Il faut fouler aux pieds des fleurs à peine écloses ;
Il faut beaucoup pleurer, dire beaucoup d'adieux.
Puis le cœur s'aperçoit qu'il est devenu vieux,
Et l'effet qui s'en va nous découvre les causes.

De ces biens passagers que l'on goûte à demi,
Le meilleur qui nous reste est un ancien ami.
On se brouille, on se fuit.— Qu'un hasard nous rassemble,

On s'approche, on sourit, la main touche la main,
Et nous nous souvenons que nous marchions ensemble,
Que l'âme est immortelle, et qu'hier c'est demain.

26 avril 1843.

SONNET

A MADAME N. MÉNESSIER

« Je vous ai vue enfant, maintenant que j'y pense,
Fraîche comme une rose et le cœur dans les yeux.
— Je vous ai vu bambin, boudeur et paresseux ;
Vous aimiez lord Byron, les grands vers et la danse. »

Ainsi nous revenaient les jours de notre enfance,
Et nous parlions déjà le langage des vieux ;
Ce jeune souvenir riait entre nous deux,
Léger comme un écho, gai comme l'espérance.

Le lâche craint le temps parce qu'il fait mourir ;
Il croit son mur gâté lorsqu'une fleur y pousse.
O voyageur ami, père du souvenir !

C'est ta main consolante, et si sage et si douce,
Qui consacre à jamais un pas fait sur la mousse,
Le hochet d'un enfant, un regard, un soupir.

Mai 1843.

A LA MÊME.

SONNET

Quand, par un jour de pluie, un oiseau de passage
Jette au hasard un cri dans un chemin perdu,
Au fond des bois fleuris, dans son nid de feuillage,
Le rossignol pensif a parfois répondu.

Ainsi fut mon appel de votre âme entendu,
Et vous me répondez dans notre cher langage.
Ce charme triste et doux tant aimé d'un autre âge,
Ce pur toucher du cœur, vous me l'avez rendu.

Était-ce donc bien vous ? Si bonne et si jolie,
Vous parlez de regrets et de mélancolie.
— Et moi peut-être aussi, j'avais un cœur blessé.

Aimer n'importe quoi, c'est un peu de folie.
Qui nous rapportera le bouquet d'Ophélie
De la rive inconnue où les flots l'ont laissé ?

Mai 1843.

A LA MÊME.

SONNET.

Vous les regrettiez presque en me les envoyant,
Ces vers, beaux comme un rêve et purs comme l'aurore.
« Ce malheureux garçon, disiez-vous en riant,
Va se croire obligé de me répondre encore. »

Bonjour, ami sonnet, si doux, si bienveillant,
Poésie, amitié que le vulgaire ignore,
Gentil bouquet de fleurs, de larmes tout brillant,
Que dans un noble cœur un soupir fait éclore.

Oui, nous avons ensemble, à peu près, commencé
A songer ce grand songe où le monde est bercé.
J'ai perdu des procès très-chers, et j'en appelle.

Mais en vous écoutant tout regret a cessé.
Meure mon triste cœur, quand ma pauvre cervelle
Ne saura plus sentir le charme du passé !

Mai 1843.

A M. ALFRED TATTET.

SONNET.

Ainsi, mon cher ami, vous allez donc partir !
Adieu ; laissez les sots blâmer votre folie
Quel que soit le chemin, quel que soit l'avenir,
Le seul guide en ce monde est la main d'une amie.

Vous me laissez pourtant bien seul, moi qui m'ennuie.
Mais qu'importe ? L'espoir de vous voir revenir
Me donnera, malgré les dégoûts de la vie,
Ce courage d'enfant qui consiste à vieillir.

Quelquefois seulement, près de votre maîtresse,
Souvenez-vous d'un cœur qui prouva sa noblesse
Mieux que l'épervier d'or dont mon casque est armé ;

Qui vous a tout de suite et librement aimé,
Dans la force et la fleur de la belle jeunesse,
Et qui dort maintenant à tout jamais fermé.

17 mai 1843.

LE TREIZE JUILLET.

STANCES.

I

La joie est ici-bas toujours jeune et nouvelle,
Mais le chagrin n'est vrai qu'autant qu'il a vieilli.
A peine si le prince, hier enseveli,
Commence à s'endormir dans la nuit éternelle;
L'ange qui l'emporta n'a pas fermé son aile;
Peut-être est-ce bien vite oser parler de lui!

II

Ce fut un triste jour, quand, sur une civière,
Cette mort sans raison vint nous épouvanter.
Ce fut un triste aspect, quand la nef séculaire
Se para de son deuil comme pour le fêter.
Ce fut un triste bruit, quand, au glas funéraire,
Les faiseurs de romans se mirent à chanter.

III

Nous nous tûmes alors, nous, ses amis d'enfance.
Tandis qu'il cheminait vers le sombre caveau,
Nous suivions le cercueil en pensant au berceau ;
Nos pleurs, que nous cachions, n'avaient pas d'éloquence ;
Et son ombre peut-être entendit le silence
Qui se fit dans nos cœurs autour de son tombeau.

IV

Maintenant qu'elle vient, plus vieille d'une année,
Réveiller nos regrets et nous frapper au cœur,
Il faut la saluer, la sinistre journée
Où ce jeune homme est mort dans sa force et sa fleur,
Préservé du néant par l'excès du malheur,
Par sa jeunesse même et par sa destinée.

V

A qui donc, juste Dieu ! peut-on dire : « A demain ! »
L'Espérance et la Mort se sont donné la main,
Et traversent ainsi la terre désolée.
L'une marche à pas lents, toujours calme et voilée ;
Sur ses genoux tremblants l'autre tombe en chemin,
Et se traîne en pleurant, meurtrie et mutilée.

VI

O Mort ! tes pas sont lents, mais ils sont bien comptés.
Qui donc t'a jamais crue aveugle, inexorable ?
Qui donc a jamais dit que ton spectre implacable
Errait, ivre de sang, frappant de tous côtés,
Balayant au hasard, comme des grains de sable,
Les temples, les déserts, les champs et les cités ?

VII

Non, non, tu sais choisir. Par instants, sur la terre,
Tu peux sembler commettre, il est vrai, quelque erreur ;
Ta main n'est pas toujours bien sûre, et ta colère
Ménage obscurément ceux qui savent te plaire,
Épargne l'insensé, respecte l'imposteur,
Laisse blanchir le vice et languir le malheur.

VIII

Mais, quand la noble enfant d'une race royale,
Fuyant des lourds palais l'antique oisiveté,
S'en va dans l'atelier chercher la vérité,
Et là, créant en rêve une forme idéale,
Entr'ouvre un marbre pur de sa main virginale,
Pour en faire sortir la vie et la beauté ;

IX

Quand cet esprit charmant, quand ce naïf génie
Qui courait à sa mère au doux nom de Marie,
Sur son œuvre chéri penche son front rêveur,
Et, pour nous peindre Jeanne, interrogeant son cœur,
A la fille des champs qui sauva la patrie
Prête sa piété, sa grâce et sa pudeur ;

X

Alors ces nobles mains, qui, du travail lassées,
Ne prenaient de repos que le temps de prier,
Ces mains riches d'aumône et pleines de pensées,
Ces mains où tant de pleurs sont venus s'essuyer,
Frissonnent tout à coup et retombent glacées.
Le cercueil est à Pise ; on va nous l'envoyer.

XI

Et lui, mort l'an passé, qu'avait-il fait, son frère ?
A quoi bon le tuer ? Pourquoi, sur ce brancard,
Ce jeune homme expirant suivi par un vieillard ?
Quel cœur fut assez froid, sur notre froide terre,
Ou pour ne pas frémir, ou pour ne pas se taire,
Devant ce meurtre affreux, commis par le hasard ?

XII

Qu'avait-il fait que naître et suivre sa fortune,
Sur les bancs avec nous venir étudier,
Avec nous réfléchir, avec nous travailler,
Prendre au soleil son rang sur la place commune,
De grandeur, hors du cœur, n'en connaissant aucune,
Et, puisqu'il était prince, apprendre son métier?

XIII

Qu'avait-il fait qu'aimer, chercher, voir par lui-même
Ce que Dieu fit de bon dans sa bonté suprême,
Ce qui pâlit déjà dans ce monde ennuyé?
Patrie, honneur, vieux mots dont on rit et qu'on aime,
Il vous savait, donnait au pauvre aide et pitié,
Au plus sincère estime, au plus brave amitié.

XIV

Qu'avait-il fait enfin, que ce qu'il pouvait faire?
Quand le canon grondait, marcher sous la bannière,
Quand la France dormait, s'exercer dans les camps.
Il s'en fût souvenu peut-être avec le temps;
Car parfois sa pensée était sur la frontière,
Pendant qu'il écoutait les tambours battre aux champs.

XV

Que lui reprocherait même la calomnie ?
Jamais coup plus cruel fut-il moins mérité ?
A défaut de regret, qui ne l'a respecté ?
Faites parler la foule, et la haine et l'envie :
Ni tache sur son front, ni faute dans sa vie,
Nul n'a laissé plus pur le nom qu'il a porté.

XVI

Qu'importe tel parti qui triomphe ou succombe ?
Quel ennemi du père ose haïr le fils ?
Qui pourrait insulter une pareille tombe ?
On dit que, dans un bal, du temps de Charles dix,
Sur les marches du trône il s'arrêta jadis.
Qu'il y dorme en repos du moins, puisqu'il y tombe !

XVII

Hélas ! mourir ainsi, pauvre prince, à trente ans !
Sans un mot de sa femme, un regard de sa mère,
Sans avoir rien pressé dans ses bras palpitants !
Pas même une agonie, une douleur dernière !
Dieu seul lut dans son cœur l'ineffable prière
Que les anges muets apprennent aux mourants.

XVIII

Que ce Dieu qui m'entend me garde d'un blasphème!
Mais je ne comprends rien à ce lâche destin
Qui va sur un pavé briser un diadème,
Parce qu'un postillon n'a pas sa bride en main.
O vous, qui passerez sur ce fatal chemin,
Regardez à vos pas, songez à qui vous aime!

XIX

Il aimait nos plaisirs, nos maux l'ont attristé.
Dans ce livre éternel où le temps est compté,
Sa main avec la nôtre avait tourné la page.
Il vivait avec nous, il était de notre âge.
Sa pensée était jeune, avec l'ancien courage;
Si l'on peut être roi de France, il l'eût été.

XX

Je le pense et le dis à qui voudra m'en croire,
Non pas en courtisan qui flatte la douleur,
Mais je crois qu'une place est vide dans l'histoire.
Tout un siècle était là, tout un siècle de gloire,
Dans ce hardi jeune homme appuyé sur sa sœur,
Dans cette aimable tête, et dans ce brave cœur.

XXI

Certes, c'eût été beau, le jour où son épée,
Dans le sang étranger lavée et retrempée,
Eût au pays natal ramené la fierté ;
Pendant que de son art l'enfant préoccupée,
Sur le seuil entr'ouvert laissant la Charité,
Eût fait avec la Muse entrer la Liberté.

XXII

A moi, Nemours ! à moi, d'Aumale ! à moi, Joinville !
Certes, c'eût été beau, ce cri, dans notre ville,
Par le peuple entendu, par les murs répété ;
Pendant qu'à l'Oratoire, attentive et tranquille,
Pâle, et les yeux brillants d'une douce clarté,
La sœur eût invoqué l'éternelle Bonté.

XXIII

Certes, c'eût été beau, la jeunesse et la vie,
Ce qui fut tant aimé, si longtemps attendu,
Se réveillant ainsi dans la mère patrie.
J'en parle par hasard, pour l'avoir entrevu ;
Quelqu'un peut en pleurer, pour l'avoir mieux connu ;
C'est sa veuve, c'était sa femme et son amie.

XXIV

Pauvre prince ! quel rêve à ses derniers instants !
Une heure (qu'est-ce donc qu'une heure pour le Temps?)
Une heure a détourné tout un siècle. O misère !
Il parlait, il allait au camp, presque à la guerre.
Une heure lui restait ; il était fils et père :
Il voulut embrasser sa mère et ses enfants.

XXV

C'était là que la mort attendait sa victime ;
Il en fut épargné dans les déserts brûlants
Où l'Arabe fuyant, qui recule à pas lents,
Autour de nos soldats, que la fièvre décime,
Rampe, le sabre au poing, sous les buissons sanglants ;
Mais il voulut revoir Neuilly ; ce fut son crime.

XXVI

Neuilly ! charmant séjour, triste et doux souvenir !
Illusions d'enfants, à jamais envolées !
Lorsqu'au seuil du palais, dans les vertes allées,
La reine, en souriant, nous regardait courir,
Qui nous eût dit qu'un jour il faudrait revenir
Pour y trouver la mort et des têtes voilées !

XXVII

Quels projets nous faisions à cet âge ingénu
Où toute chose parle, où le cœur est à nu !
Quand, avec tant de force, eut-on tant d'espérance ?
Innocente bravoure, audace de l'enfance !
Nous croyions l'heure prête et le moment venu ;
Nous étions fiers et fous, mais nous avions la France.

XXVIII

Songe étrange ! il est mort, et tout s'est endormi.
Comment une espérance et si juste et si belle
Peut-elle devenir inutile et cruelle ?
Il est mort l'an dernier, et son deuil est fini ;
La sanglante masure est changée en chapelle.
Qui nous dira le reste, et quel âge a l'oubli ?

XXIX

Il n'est pas tombé seul en allant à Neuilly.
Sur neuf que nous étions, marchant en compagnie,
Combien sont morts !—Albert, son jeune et brave ami,
Et Mortemart, et toi, pauvre Laborderie,
Qui te hâtais d'aimer pour jouir de la vie,
Le meilleur de nous tous et le premier parti !

XXX

Si le regret vivait, vos noms seraient célèbres !
Amis ! — Que cette sombre et triste déité,
Qui prête à notre temps sa tremblante clarté,
Vous éclaire en passant de ses torches funèbres !
Et nous, enfants perdus d'un siècle de ténèbres,
Tenons-nous bien la main dans cette obscurité ;

XXXI

Car la France, hier encor la maîtresse du monde,
A reçu, quoi qu'on dise, une atteinte profonde ;
Et, comme Juliette, au fond des noirs arceaux,
A demi réveillée, à demi moribonde,
Trébuchant dans les plis de sa pourpre en lambeaux,
Elle marche au hasard, errant sur des tombeaux.

Juillet 1843.

STANCES DE M. CH. NODIER

A M. ALFRED DE MUSSET.

J'ai lu ta vive Odyssée
　　Cadencée ;
J'ai lu tes sonnets aussi,
　　Dieu merci !

Pour toi seul l'aimable Muse,
　　Qui t'amuse,
Réserve encor des chansons
　　Aux doux sons.

Par le faux goût exilée
　　Et voilée,
Elle va dans ton réduit
　　Chaque nuit.

Là, penchée à ton oreille
　　Qui s'éveille,
Elle te berce aux concerts
　　Des beaux vers.

Elle sait les harmonies
   Des Génies,
Et les contes favoris
   Des péris;

Les jeux, les danses légères
   Des bergères,
Et les récits gracieux
   Des aïeux.

Puis, elle se trouve heureuse,
   L'amoureuse,
De prolonger son séjour
   Jusqu'au jour.

Quand, du haut d'un char d'opale,
   L'aube pâle
Chasse les chœurs clandestins
   Des lutins,

Si l'aurore mal-apprise
   L'a surprise,
Peureuse, elle part sans bruit
   Et s'enfuit,

En exhalant dans l'espace
   Qui s'efface
Le soupir mélodieux
   Des adieux.

Fuis, fuis le pays morose
De la prose,
Ses journaux et ses romans
Assommants.

Fuis l'altière période
A la mode,
Et l'ennui des sots discours,
Longs ou courts.

Fuis les grammes et les mètres
De nos maîtres,
Jurés experts en argot
Visigoth.

Fuis la loi des pédagogues
Froids et rogues,
Qui soumettraient tes appas
Au compas.

Mais reviens à la vesprée,
Peu parée,
Bercer encor ton ami
Endormi.

Juin 1843.

RÉPONSE A M. CH. NODIER

Connais-tu deux pestes femelles
  Et jumelles
Qu'un beau jour tira de l'enfer
  Lucifer?

L'une au teint blême, au cœur de lièvre,
  C'est la Fièvre;
L'autre est l'Insomnie aux grands yeux
  Ennuyeux.

Non pas cette fièvre amoureuse,
  Trop heureuse,
Qui sait chiffonner l'oreiller
  Sans bâiller;

Non pas cette belle insomnie
  Du génie,
Où Trilby vient, prêt à chanter,
  T'écouter.

C'est la fièvre qui s'emmaillotte
  Et grelotte
Sous un drap sale et trois coussins
  Très-malsains.

L'autre, comme une huître qui bâille
  Dans l'écaille,
Rêve ou rumine, ou fait des vers
  De travers

Voilà, depuis une semaine
  Toute pleine,
L'aimable et gai duo que j'ai
  Hébergé.

Que ce soit donc, si l'on m'accuse,
  Mon excuse,
Pour n'avoir rien ni répondu
  Ni pondu.

Ne me fais pas, je t'en conjure,
  Cette injure
De supposer que j'ai faibli
  Par oubli.

L'oubli, l'ennui, font, ce me semble,
  Route ensemble,
Traînant, deux à deux, leurs pas lents,
  Nonchalants.

Tout se ressent du mal qu'ils causent,
    Mais ils n'osent
Approcher de toi seulement
    Un moment.

Que ta voix si jeune et si vieille,
    Qui m'éveille,
Vient me délivrer à propos
    Du repos !

Ta muse, ami, toute française,
    Tout à l'aise,
Me rend la sœur de la santé,
    La gaîté.

Elle rappelle à ma pensée
    Délaissée
Les beaux jours et les courts instants
    Du bon temps,

Lorsque, rassemblés sous ton aile
    Paternelle,
Échappés de nos pensions,
    Nous dansions.

Gais comme l'oiseau sur la branche,
    Le dimanche,
Nous rendions parfois matinal
    L'Arsenal.

La tête coquette et fleurie
 De Marie
Brillait comme un bluet mêlé
 Dans le blé.

Tachés déjà par l'écritoire,
 Sur l'ivoire
Ses doigts légers allaient sautant
 Et chantant.

Quelqu'un récitait quelque chose,
 Vers ou prose,
Puis nous courions recommencer
 A danser

Chacun de nous, futur grand homme,
 Ou tout comme,
Apprenait plus vite à t'aimer
 Qu'à rimer.

Alors, dans la grande boutique
 Romantique,
Chacun avait, maître ou garçon,
 Sa chanson

Nous allions, brisant les pupitres
 Et les vitres,
Et nous avions plume et grattoir
 Au comptoir.

Hugo portait déjà dans l'âme
    Notre-Dame,
Et commençait à s'occuper
    D'y grimper.

De Vigny chantait sur sa lyre
    Ce beau sire
Qui mourut sans mettre à l'envers
    Ses bas verts.

Antony battait avec Dante
    Un andante ;
Émile ébauchait vite et tôt
    Un presto

Sainte-Beuve faisait dans l'ombre
    Douce et sombre,
Pour un œil noir, un blanc bonnet,
    Un sonnet.

Et moi, de cet honneur insigne
    Trop indigne,
Enfant par hasard adopté
    Et gâté,

Je brochais des ballades, l'une
    A la lune,
L'autre à deux yeux noirs et jaloux
    Andaloux.

Cher temps, plein de mélancolie,
    De folie,
Dont il faut rendre à l'amitié
    La moitié !

Pourquoi, sur ces flots où s'élance
    L'Espérance,
Ne voit-on que le souvenir
    Revenir ?

Ami, toi qu'a piqué l'abeille,
    Ton cœur veille,
Et tu n'en saurais ni guérir
    Ni mourir ;

Mais comment fais-tu donc, vieux maître,
    Pour renaître ?
Car tes vers, en dépit du temps,
    Ont vingt ans.

Si jamais ta tête qui penche
    Devient blanche,
Ce sera comme l'amandier,
    Cher Nodier :

Ce qui le blanchit n'est pas l'âge,
    Ni l'orage ;
C'est la fraîche rosée en pleurs
    Dans les fleurs

    Août 1843.

LE MIE PRIGIONI.

On dit : « Triste comme la porte
    D'une prison » —
Et je crois, le diable m'emporte !
    Qu'on a raison.

D'abord, pour ce qui me regarde,
    Mon sentiment
Est qu'il vaut mieux monter sa garde,
    Décidément.

Je suis, depuis une semaine,
    Dans un cachot,
Et je m'aperçois avec peine
    Qu'il fait très-chaud.

Je vais bouder à la fenêtre,
    Tout en fumant ;
Le soleil commence à paraître
    Tout doucement.

C'est une belle perspective,
    De grand matin,
Que des gens qui font la lessive
    Dans le lointain.

Pour se distraire, si l'on bâille,
    On aperçoit
D'abord une longue muraille,
    Puis un long toit.

Ceux à qui ce séjour tranquille
    Est inconnu
Ignorent l'effet d'une tuile
    Sur un mur nu.

Je n'aurais jamais cru moi-même,
    Sans l'avoir vu,
Ce que ce spectacle suprême
    A d'imprévu.

Pourtant les rayons de l'automne
    Jettent encor
Sur ce toit plat et monotone
    Un réseau d'or ;

Et ces cachots n'ont rien de triste,
    Il s'en faut bien ·
Peintre ou poëte, chaque artiste
    Y met du sien.

De dessins, de caricatures
  Ils sont couverts.
Çà et là quelques écritures
  Semblent des vers.

Chacun tire une rêverie
  De son bonnet :
Celui-ci, la Vierge Marie,
  L'autre, un sonnet.

Là, c'est Madeleine en peinture,
  Pieds nus, qui lit ;
Vénus rit sous la couverture,
  Au pied du lit.

Plus loin, c'est la Foi, l'Espérance,
  La Charité,
Grands croquis faits à toute outrance,
  Non sans beauté

Une Andalouse assez gaillarde,
  Au cou mignon,
Est dans un coin qui vous regarde
  D'un air grognon.

Celui qui fit, je le présume,
  Ce médaillon,
Avait un gentil brin de plume
  A son crayon[1].

1. Théophile Gautier.

Le Christ regarde Louis-Philippe
    D'un air surpris ;
Un bonhomme fume sa pipe
    Sur le lambris.

Ensuite vient un paysage
    Très-compliqué,
Où l'on voit qu'un monsieur très-sage
    S'est appliqué.

Dirai-je quelles odalisques
    Les peintres font,
A leurs très-grands périls et risques,
    Jusqu'au plafond ?

Toutes ces lettres effacées
    Parlent pourtant ;
Elles ont vécu, ces pensées,
    Fût-ce un instant.

Que de gens, captifs pour une heure,
    Tristes ou non,
Ont à cette pauvre demeure
    Laissé leur nom !

Sur ce vieux lit où je rimaille
    Ces vers perdus,
Sur ce traversin où je bâille
    A bras tendus,

Combien d'autres ont mis leur tête,
 Combien ont mis
Un pauvre corps, un cœur honnête
 Et sans amis !

Qu'est-ce donc ? en rêvant à vide
 Contre un barreau,
Je sens quelque chose d'humide
 Sur le carreau.

Que veut donc dire cette larme
 Qui tombe ainsi,
Et coule de mes yeux, sans charme
 Et sans souci ?

Est-ce que j'aime ma maîtresse ?
 Non, par ma foi !
Son veuvage ne l'intéresse
 Pas plus que moi.

Est-ce que je vais faire un drame ?
 Par tous les dieux !
Chanson pour chanson, une femme
 Vaut encor mieux.

Sentirais-je quelque ingénue
 Velléité
D'aimer cette belle inconnue,
 La Liberté ?

On dit, lorsque ce grand fantôme
  Est verrouillé,
Qu'il a l'air triste comme un tome
  Dépareillé.

Est-ce que j'aurais quelque dette ?
  Mais, Dieu merci !
Je suis en lieu sûr : on n'arrête
  Personne ici.

Cependant cette larme coule,
  Et je la vois
Qui brille en tremblant et qui roule
  Entre mes doigts.

Elle a raison, elle veut dire :
  Pauvre petit,
A ton insu ton cœur respire
  Et t'avertit

Que le peu de sang qui l'anime
  Est ton seul bien,
Que tout le reste est pour la rime
  Et ne dit rien.

Mais nul être n'est solitaire,
  Même en pensant,
Et Dieu n'a pas fait pour te plaire
  Ce peu de sang.

Lorsque tu railles ta misère
  D'un air moqueur,
Tes amis, ta sœur et ta mère
  Sont dans ton cœur.

Cette pâle et faible étincelle
  Qui vit en toi,
Elle marche, elle est immortelle,
  Et suit sa loi.

Pour la transmettre, il faut soi-même
  La recevoir,
Et l'on songe à tout ce qu'on aime
  Sans le savoir.

20 septembre 1843.

A MON FRÈRE

REVENANT D'ITALIE.

Ainsi, mon cher, tu t'en reviens
Du pays dont je me souviens
    Comme d'un rêve,
De ces beaux lieux où l'oranger
Naquit pour nous dédommager
    Du péché d'Ève.

Tu l'as vu, ce ciel enchanté
Qui montre avec tant de clarté
    Le grand mystère;
Si pur, qu'un soupir monte à Dieu
Plus librement qu'en aucun lieu
    Qui soit sur terre.

Tu les as vus, les vieux manoirs
De cette ville aux palais noirs
  Qui fut Florence,
Plus ennuyeuse que Milan
Où, du moins, quatre ou cinq fois l'an,
  Cerrito danse.

Tu l'as vue, assise dans l'eau,
Portant gaîment son mezzaro,
  La belle Gênes,
Le visage peint, l'œil brillant,
Qui babille et joue en riant
  Avec ses chaînes.

Tu l'as vu, cet antique port,
Où, dans son grand langage mort,
  Le flot murmure,
Où Stendhal, cet esprit charmant,
Remplissait si dévotement
  Sa sinécure.

Tu l'as vu, ce fantôme altier
Qui jadis eut le monde entier
  Sous son empire.
César dans sa pourpre est tombé ;
Dans un petit manteau d'abbé
  Sa veuve expire.

Tu t'es bercé sur ce flot pur
Où Naple enchâsse dans l'azur
  Sa mosaïque,
Oreiller des lazzaroni
Où sont nés le macaroni
  Et la musique.

Qu'il soit rusé, simple ou moqueur,
N'est-ce pas qu'il nous laisse au cœur
  Un charme étrange,
Ce peuple ami de la gaîté
Qui donnerait gloire et beauté
  Pour une orange ?

Catane et Palerme t'ont plu.
Je n'en dis rien ; nous t'avons lu
  Mais on t'accuse
D'avoir parlé bien tendrement,
Moins en voyageur qu'en amant,
  De Syracuse.

Ils sont beaux, quand il fait beau temps,
Ces yeux presque mahométans
  De la Sicile ;
Leur regard tranquille est ardent,
Et bien dire en y répondant
  N'est pas facile.

Ils sont doux surtout quand, le soir,
Passe dans son domino noir
    La toppatelle.
On peut l'aborder sans danger,
Et dire : « Je suis étranger,
    Vous êtes belle »

Ischia ! C'est là qu'on a des yeux,
C'est là qu'un corsage amoureux
    Serre la hanche.
Sur un bas rouge bien tiré
Brille, sous le jupon doré,
    La mule blanche

Pauvre Ischia ! bien des gens n'ont vu
Tes jeunes filles que pied nu
    Dans la poussière.
On les endimanche à prix d'or ;
Mais ton pur soleil brille encor
    Sur leur misère.

Quoi qu'il en soit, il est certain
Que l'on ne parle pas latin
    Dans les Abruzzes,
Et que jamais un postillon
N'y sera l'enfant d'Apollon
    Ni des neuf Muses.

Il est bizarre, assurément,
Que Minturnes soit justement
    Près de Capoue.
Là tombèrent deux demi-dieux,
Tout barbouillés, l'un de vin vieux,
    L'autre de boue.

Les brigands t'ont-ils arrêté
Sur le chemin tant redouté
    De Terracine ?
Les as-tu vus dans les roseaux
Où le buffle aux larges naseaux
    Dort et rumine ?

Hélas ! hélas ! tu n'as rien vu.
Oh ! (comme on dit) temps dépourvu
    De poésie !
Ces grands chemins, sûrs nuit et jour,
Sont ennuyeux comme un amour
    Sans jalousie.

Si tu t'es un peu détourné,
Tu t'es à coup sûr promené
    Près de Ravenne,
Dans ce triste et charmant séjour
Où Byron noya dans l'amour
    Toute sa haine.

C'est un pauvre petit cocher
Qui m'a mené sans accrocher
  Jusqu'à Ferrare.
Je désire qu'il t'ait conduit.
Il n'eut pas peur, bien qu'il fît nuit;
  Le cas est rare.

Padoue est un fort bel endroit,
Où de très-grands docteurs en droit
  Ont fait merveille;
Mais j'aime mieux la polenta
Qu'on mange aux bords de la Brenta
  Sous une treille

Sans doute tu l'as vue aussi,
Vivante encore, Dieu merci!
  Malgré nos armes,
La pauvre vieille du Lido,
Nageant dans une goutte d'eau
  Pleine de larmes.

Toits superbes! froids monuments!
Linceul d'or sur des ossements!
  Ci-gît Venise.
Là mon pauvre cœur est resté.
S'il doit m'en être rapporté,
  Dieu le conduise!

Mon pauvre cœur, l'as-tu trouvé
Sur le chemin, sous un pavé,
  Au fond d'un verre ?
Ou dans ce grand palais Nani,
Dont tant de soleils ont jauni
  La noble pierre ?

L'as-tu vu sur les fleurs des prés,
Ou sur les raisins empourprés
  D'une tonnelle ?
Ou dans quelque frêle bateau,
Glissant à l'ombre et fendant l'eau
  A tire-d'aile ?

L'as-tu trouvé tout en lambeaux
Sur la rive où sont les tombeaux ?
  Il y doit être.
Je ne sais qui l'y cherchera,
Mais je crois bien qu'on ne pourra
  L'y reconnaître.

Il était gai, jeune et hardi ;
Il se jetait en étourdi
  A l'aventure.
Librement il respirait l'air,
Et parfois il se montrait fier
  D'une blessure.

Il fut crédule, étant loyal,
Se défendant de croire au mal
        Comme d'un crime.
Puis tout à coup il s'est fondu
Ainsi qu'un glacier suspendu
        Sur un abîme...

Mais de quoi vais-je ici parler ?
Que ferais-je à me désoler,
        Quand toi, cher frère,
Ces lieux où j'ai failli mourir,
Tu t'en viens de les parcourir
        Pour te distraire ?

Tu rentres tranquille et content ;
Tu tailles ta plume en chantant
        Une romance.
Tu rapportes dans notre nid
Cet espoir qui toujours finit
        Et recommence.

Le retour fait aimer l'adieu ;
Nous nous asseyons près du feu,
        Et tu nous contes
Tout ce que ton esprit a vu,
Plaisirs, dangers, et l'imprévu,
        Et les mécomptes.

Et tout cela sans te fâcher,
Sans te plaindre, sans y toucher
    Que pour en rire ;
Tu sais rendre grâce au bonheur
Et tu te railles du malheur
    Sans en médire.

Ami, ne t'en va plus si loin.
D'un peu d'aide j'ai grand besoin,
    Quoi qu'il m'advienne.
Je ne sais où va mon chemin,
Mais je marche mieux quand ma main
    Serre la tienne.

Mars 1844.

ADIEU, SUZON!

CHANSON.

Adieu, Suzon, ma rose blonde,
Qui m'as aimé pendant huit jours :
Les plus courts plaisirs de ce monde
Souvent font les meilleurs amours.
Sais-je, au moment où je te quitte,
Où m'entraîne mon astre errant ?
Je m'en vais pourtant, ma petite,
     Bien loin, bien vite,
     Toujours courant.

Je pars, et sur ma lèvre ardente
Brûle encor ton dernier baiser.
Entre mes bras, chère imprudente,
Ton beau front vient de reposer.
Sens-tu mon cœur, comme il palpite ?
Le tien, comme il battait gaîment !
Je m'en vais pourtant, ma petite,
     Bien loin, bien vite,
     Toujours t'aimant.

Paf! C'est mon cheval qu'on apprête.
Enfant, que ne puis-je en chemin
Emporter ta mauvaise tête,
Qui m'a tout embaumé la main !
Tu souris, petite hypocrite,
Comme la nymphe, en t'enfuyant.
Je m'en vais pourtant, ma petite,
      Bien loin, bien vite,
      Tout en riant.

Que de tristesse et que de charmes,
Tendre enfant, dans tes doux adieux !
Tout m'enivre, jusqu'à tes larmes,
Lorsque ton cœur est dans tes yeux.
A vivre ton regard m'invite ;
Il me consolerait mourant.
Je m'en vais pourtant, ma petite,
      Bien loin, bien vite,
      Tout en pleurant.

Que notre amour, si tu m'oublies,
Suzon, dure encore un moment ;
Comme un bouquet de fleurs pâlies,
Cache-le dans ton sein charmant !
Adieu ! le bonheur reste au gîte ;
Le souvenir part avec moi :
Je l'emporterai, ma petite,
      Bien loin, bien vite,
      Toujours à toi.

1844.

CONSEILS A UNE PARISIENNE.

Oui, si j'étais femme, aimable et jolie,
    Je voudrais, Julie,
    Faire comme vous ;
Sans peur ni pitié, sans choix ni mystère,
    A toute la terre
    Faire les yeux doux.

Je voudrais n'avoir de soucis au monde
    Que ma taille ronde,
    Mes chiffons chéris,
Et de pied en cap être la poupée
    La mieux équipée
    De Rome à Paris.

Je voudrais garder pour toute science
    Cette insouciance
    Qui vous va si bien ;
Joindre, comme vous, à l'étourderie
    Cette rêverie
    Qui ne pense à rien.

Je voudrais pour moi qu'il fût toujours fête,
    Et tourner la tête
    Aux plus orgueilleux ;
Être en même temps de glace et de flamme,
    La haine dans l'âme,
    L'amour dans les yeux.

Je détesterais, avant toute chose,
    Ces vieux teints de rose
    Qui font peur à voir.
Je rayonnerais, sous ma tresse brune,
    Comme un clair de lune
    En capuchon noir.

Car c'est si charmant et c'est si commode,
    Ce masque à la mode,
    Cet air de langueur !
Ah ! que la pâleur est d'un bel usage !
    Jamais le visage
    N'est trop loin du cœur.

Je voudrais encore avoir vos caprices,
    Vos soupirs novices,
    Vos regards savants.
Je voudrais enfin, tant mon cœur vous aime,
    Être en tout vous-même..
    Pour deux ou trois ans.

Il est un seul point, je vous le confesse,
    Où votre sagesse
    Me semble en défaut.
Vous n'osez pas être assez inhumaine.
    Votre orgueil vous gêne;
    Pourtant il en faut.

Je ne voudrais pas, à la contredanse,
    Sans quelque prudence
    Livrer mon bras nu ;
Puis, au cotillon, laisser ma main blanche
    Traîner sur la manche
    Du premier venu.

Si mon fin corset, si souple et si juste,
    D'un bras trop robuste
    Se sentait serré,
J'aurais, je l'avoue, une peur mortelle
    Qu'un bout de dentelle
    N'en fût déchiré.

Chacun, en valsant, vient sur votre épaule
    Réciter son rôle
    D'amoureux transi ;
Ma beauté, du moins, sinon ma pensée,
    Serait offensée
    D'être aimée ainsi.

Je ne voudrais pas, si j'étais Julie,
        N'être que jolie
        Avec ma beauté.
Jusqu'au bout des doigts je serais duchesse;
        Comme ma richesse,
        J'aurais ma fierté.

Voyez-vous, ma chère, au siècle où nous sommes,
        La plupart des hommes
        Sont très-inconstants
Sur deux amoureux pleins d'un zèle extrême,
        La moitié vous aime
        Pour passer le temps.

Quand on est coquette, il faut être sage :
        L'oiseau de passage
        Qui vole à plein cœur
Ne dort pas en l'air comme une hirondelle,
        Et peut, d'un coup d'aile,
        Briser une fleur.

Décembre 1845.

MIMI PINSON.

CHANSON.

Mimi Pinson est une blonde,
Une blonde que l'on connaît.
Elle n'a qu'une robe au monde,
    Landerirette !
    Et qu'un bonnet.
Le Grand Turc en a davantage.
Dieu voulut de cette façon
    La rendre sage.
On ne peut pas la mettre en gage,
La robe de Mimi Pinson.

Mimi Pinson porte une rose,
Une rose blanche au côté.
Cette fleur dans son cœur éclose,
    Landerirette !
    C'est la gaîté.
Quand un bon souper la réveille,
Elle fait sortir la chanson
    De la bouteille.
Parfois il penche sur l'oreille,
Le bonnet de Mimi Pinson.

Elle a les yeux et la main prestes.
Les carabins, matin et soir,
Usent les manches de leurs vestes,
   Landerirette!
  A son comptoir.
Quoique sans maltraiter personne,
Mimi leur fait mieux la leçon
  Qu'à la Sorbonne.
Il ne faut pas qu'on la chiffonne,
La robe de Mimi Pinson.

Mimi Pinson peut rester fille,
Si Dieu le veut, c'est dans son droit.
Elle aura toujours son aiguille,
   Landerirette!
  Au bout du doigt.
Pour entreprendre sa conquête,
Ce n'est pas tout qu'un beau garçon :
  Faut être honnête;
Car il n'est pas loin de sa tête,
Le bonnet de Mimi Pinson.

D'un gros bouquet de fleurs d'orange
Si l'amour veut la couronner,
Elle a quelque chose en échange,
   Landerirette!
  A lui donner.
Ce n'est pas, on se l'imagine,

Un manteau sur un écusson
         Fourré d'hermine :
C'est l'étui d'une perle fine,
La robe de Mimi Pinson.

Mimi n'a pas l'âme vulgaire,
Mais son cœur est républicain :
Aux trois jours elle a fait la guerre,
         Landerirette !
         En casaquin.
A défaut d'une hallebarde,
On l'a vue avec son poinçon
         Monter la garde.
Heureux qui mettra la cocarde
Au bonnet de Mimi Pinson !

1845.

PAR UN MAUVAIS TEMPS.

Elle a mis, depuis que je l'aime
(Bien longtemps, peut-être toujours),
Bien des robes, jamais la même ;
Palmire a dû compter les jours.

Mais quand vous êtes revenue,
Votre bras léger sur le mien,
Il faisait, dans cette avenue,
Un froid de loup, un temps de chien.

Vous m'aimiez un peu, mon bel ange,
Et, tandis que vous bavardiez,
Dans cette pluie et cette fange
Se mouillaient vos chers petits pieds.

Songeait-elle, ta jambe fine,
Quand tu parlais de nos amours,
Qu'elle allait porter sous l'hermine
Le satin, l'or et le velours ?

Si jamais mon cœur désavoue
Ce qu'il sentit en ce moment,
Puisse à mon front sauter la boue
Où tu marchais si bravement!

Avril 1847.

A MADAME C^{ne} T.

RONDEAU.

Dans son assiette arrondi mollement,
Un pâté chaud, d'un aspect délectable,
D'un peu trop loin m'attirait doucement.
J'allais à lui. Votre instinct charitable
Vous fit lever pour me l'offrir gaîment.

Jupin, qu'Hébé grisait au firmament,
Voyant ainsi Vénus servir à table,
Laissa son verre en choir d'étonnement
    Dans son assiette.

Pouvais-je alors vous faire un compliment ?
La grâce échappe, elle est inexprimable ;
Les mots sont faits pour ce qu'on trouve aimable,
Les regards seuls pour ce qu'on voit charmant ;
Et je n'eus pas l'esprit en ce moment
    Dans son assiette.

Fontainebleau, 1847.

SUR TROIS MARCHES

DE

MARBRE ROSE.

Depuis qu'Adam, ce cruel homme,
A perdu son fameux jardin,
Où sa femme, autour d'une pomme,
Gambadait sans vertugadin,
Je ne crois pas que sur la terre
Il soit un lieu d'arbres planté
Plus célébré, plus visité,
Mieux fait, plus joli, mieux hanté,
Mieux exercé dans l'art de plaire,
Plus examiné, plus vanté,
Plus décrit, plus lu, plus chanté,
Que l'ennuyeux parc de Versailles.
O dieux ! ô bergers ! ô rocailles !
Vieux Satyres, Termes grognons,
Vieux petits ifs en rangs d'oignons,

O bassins, quinconces, charmilles !
Boulingrins pleins de majesté,
Où les dimanches, tout l'été,
Bâillent tant d'honnêtes familles !
Fantômes d'empereurs romains !
Pâles nymphes inanimées
Qui tendez aux passants les mains,
Par les jets d'eau tout enrhumées !
Tourniquets d'aimables buissons,
Bosquets tondus où les fauvettes
Cherchent en pleurant leurs chansons,
Où les dieux font tant de façons
Pour vivre à sec dans leurs cuvettes !
O marronniers ! n'ayez pas peur ;
Que votre feuillage immobile,
Me sachant versificateur,
N'en demeure pas moins tranquille !
Non, j'en jure par Apollon
Et par tout le sacré vallon,
Par vous, Naïades ébréchées,
Sur trois cailloux si mal couchées,
Par vous, vieux maîtres de ballets,
Faunes dansant sur la verdure,
Par toi-même, auguste palais,
Qu'on n'habite plus qu'en peinture,
Par Neptune, sa fourche au poing,
Non, je ne vous décrirai point.
Je sais trop ce qui vous chagrine ;
De Phœbus je vois les effets :
Ce sont les vers qu'on vous a faits

Qui vous donnent si triste mine.
Tant de sonnets, de madrigaux,
Tant de ballades, de rondeaux,
Où l'on célébrait vos merveilles,
Vous ont assourdi les oreilles,
Et l'on voit bien que vous dormez
Pour avoir été trop rimés.

En ces lieux où l'ennui repose,
Par respect aussi j'ai dormi.
Ce n'était, je crois, qu'à demi :
Je rêvais à quelque autre chose.
Mais vous souvient-il, mon ami,
De ces marches de marbre rose,
En allant à la pièce d'eau
Du côté de l'Orangerie,
A gauche, en sortant du château?
C'était par là, je le parie,
Que venait le roi sans pareil,
Le soir, au coucher du soleil,
Voir dans la forêt, en silence,
Le jour s'enfuir et se cacher
(Si toutefois en sa présence
Le soleil osait se coucher).
Que ces trois marches sont jolies !
Combien ce marbre est noble et doux !
Maudit soit du ciel, disions-nous,
Le pied qui les aurait salies !
N'est-il pas vrai? Souvenez-vous.

— Avec quel charme est nuancée
Cette dalle à moitié cassée !
Voyez-vous ces veines d'azur,
Légères, fines et polies,
Courant, sous les roses pâlies,
Dans la blancheur d'un marbre pur ?
Tel, dans le sein robuste et dur
De la Diane chasseresse,
Devait courir un sang divin ;
Telle, et plus froide, est une main
Qui me menait naguère en laisse
N'allez pas, du reste, oublier
Que ces marches dont j'ai mémoire
Ne sont pas dans cet escalier
Toujours désert et plein de gloire,
Où ce roi, qui n'attendait pas,
Attendit un jour, pas à pas,
Condé, lassé par la victoire.
Elles sont près d'un vase blanc,
Proprement fait et fort galant.
Est-il moderne ? est-il antique ?
D'autres que moi savent cela ;
Mais j'aime assez à le voir là,
Étant sûr qu'il n'est point gothique.
C'est un bon vase, un bon voisin.
Je le crois volontiers cousin
De mes marches couleur de rose ;
Il les abrite avec fierté.
O mon Dieu ! dans si peu de chose
Que de grâce et que de beauté !

Dites-nous, marches gracieuses,
Les rois, les princes, les prélats,
Et les marquis à grand fracas,
Et les belles ambitieuses,
Dont vous avez compté les pas ;
Celles-là surtout, j'imagine,
En vous touchant ne pesaient pas,
Lorsque le velours ou l'hermine
Frôlait vos contours délicats.
Laquelle était la plus légère ?
Est-ce la reine Montespan ?
Est-ce Hortense avec un roman ?
Maintenon avec son bréviaire,
Ou Fontange avec son ruban ?
Beau marbre, as-tu vu La Vallière ?
De Parabère ou de Sabran,
Laquelle savait mieux te plaire ?
Entre Sabran et Parabère
Le Régent même, après souper,
Chavirait jusqu'à s'y tromper.
As-tu vu le puissant Voltaire,
Ce grand frondeur des préjugés,
Avocat des gens mal jugés,
Du Christ ce terrible adversaire,
Bedeau du temple de Cythère,
Présentant à la Pompadour
Sa vieille eau bénite de cour ?
As-tu vu, comme à l'ermitage,
La rondelette Dubarry
Courir, en buvant du laitage,

Pieds nus, sur le gazon fleuri?
Marches qui savez notre histoire,
Aux jours pompeux de votre gloire,
Quel heureux monde en ces bosquets!
Que de grands seigneurs, de laquais,
Que de duchesses, de caillettes,
De talons rouges, de paillettes,
Que de soupirs et de caquets,
Que de plumets et de calottes,.
De falbalas et de culottes,
Que de poudre sous ces berceaux,
Que de gens, sans compter les sots!
Règne auguste de la perruque,
Le bourgeois qui te méconnaît
Mérite sur sa plate nuque
D'avoir un éternel bonnet.
Et toi, siècle à l'humeur badine,
Siècle tout couvert d'amidon,
Ceux qui méprisent ta farine
Sont en horreur à Cupidon!...
Est-ce ton avis, marbre rose?
Malgré moi, pourtant, je suppose
Que le hasard qui t'a mis là
Ne t'avait pas fait pour cela.
Aux pays où le soleil brille,
Près d'un temple grec ou latin,
Les beaux pieds d'une jeune fille,
Sentant la bruyère et le thym,
En te frappant de leurs sandales,
Auraient mieux réjoui tes dalles

Qu'une pantoufle de satin.
Est-ce d'ailleurs pour cet usage
Que la nature avait formé
Ton bloc jadis vierge et sauvage
Que le génie eût animé ?
Lorsque la pioche et la truelle
T'ont scellé dans ce parc boueux,
En t'y plantant malgré les dieux,
Mansard insultait Praxitèle.
Oui, si tes flancs devaient s'ouvrir,
Il fallait en faire sortir
Quelque divinité nouvelle.
Quand sur toi leur scie a grincé,
Les tailleurs de pierre ont blessé
Quelque Vénus dormant encore,
Et la pourpre qui te colore
Te vient du sang qu'elle a versé.

Est-il donc vrai que toute chose
Puisse être ainsi foulée aux pieds,
Le rocher où l'aigle se pose,
Comme la feuille de la rose
Qui tombe et meurt dans nos sentiers ?
Est-ce que la commune mère,
Une fois son œuvre accompli,
Au hasard livre la matière,
Comme la pensée à l'oubli ?
Est-ce que la tourmente amère
Jette la perle au lapidaire

Pour qu'il l'écrase sans façon?
Est-ce que l'absurde vulgaire
Peut tout déshonorer sur terre
Au gré d'un cuistre ou d'un maçon?

Février 1849.

A MADEMOISELLE ANAÏS.

RONDEAU.

Que rien ne puisse en liberté
Passer sous le sacré portique
Sans être quelque peu heurté
Par les bornes de la critique,
C'est un axiome authentique.

Pourquoi tant de sévérité ?
Grétry disait avec gaîté :
« J'aime mieux un peu de musique
      Que rien. »

A ma Louison ce mot s'applique.
Sur le théâtre elle a jeté
Son petit bouquet poétique.
Pourvu que vous l'ayez porté,
Le reste est moins, en vérité,
      Que rien.

1849.

SONNET.

Se voir le plus possible et s'aimer seulement,
Sans ruse et sans détours, sans honte ni mensonge,
Sans qu'un désir nous trompe, ou qu'un remords nous ronge,
Vivre à deux et donner son cœur à tout moment,

Respecter sa pensée aussi loin qu'on y plonge,
Faire de son amour un jour au lieu d'un songe,
Et dans cette clarté respirer librement, —
Ainsi respirait Laure et chantait son amant.

Vous dont chaque pas touche à la grâce suprême,
C'est vous, la tête en fleurs, qu'on croirait sans souci,
C'est vous qui me disiez qu'il faut aimer ainsi.

Et c'est moi, vieil enfant du doute et du blasphème,
Qui vous écoute, et pense, et vous réponds ceci :
Oui, l'on vit autrement, mais c'est ainsi qu'on aime.

CHANSON.

Quand on perd, par triste occurrence,
  Son espérance
  Et sa gaîté,
Le remède au mélancolique,
  C'est la musique
  Et la beauté !

Plus oblige et peut davantage
  Un beau visage
  Qu'un homme armé,
Et rien n'est meilleur que d'entendre
  Air doux et tendre
  Jadis aimé !

A M. RÉGNIER,

De la Comédie-Française,

APRÈS LA MORT DE SA FILLE.

Quel est donc ce chagrin auquel je m'intéresse ?
Nous nous étions connus par l'esprit seulement ;
Nous n'avions fait que rire, et causé qu'un moment,
Quand sa vivacité coudoya ma paresse.

Puis j'allais par hasard au théâtre, en fumant,
Lorsque du maître à tous la vieille hardiesse,
De sa verve caustique aiguisant la finesse,
En Pancrace ou Scapin le transformait gaîment.

Pourquoi donc, de quel droit, le connaissant à peine,
Est-ce que je m'arrête et ne puis faire un pas,
Apprenant que sa fille est morte dans ses bras ?

Je ne sais. — Dieu le sait ! Dans la pauvre âme humaine,
La meilleure pensée est toujours incertaine,
Mais une larme coule et ne se trompe pas.

1849.

A MADAME O***

QUI AVAIT FAIT DES DESSINS
POUR LES NOUVELLES DE L'AUTEUR.

Dieu défend d'oublier les petits ici-bas ;
La fleur qui, dans l'herbier, doucement se dessèche,
Rend grâces à celui qui la vit sous ses pas,
La cueillit au passage, et la mit dans l'eau fraîche.

Ma brunette Margot, que Balzac n'aime pas,
Est là, le cœur battant, prête à mordre à sa pêche.
(Dites-moi son idée et ce qui l'en empêche.)
Puis voici Béatrix qui montre ses beaux bras.

Pauvre et pâle bouquet, ô mes chères pensées !
Dans ce bruyant torrent où vous devez mourir,
Heureuse soit la main qui vous a ramassées !

Puisses-tu désormais modestement t'ouvrir,
Petit livre, et songer qu'il te faut soutenir
Dans ton sein tout ému ces perles enchâssées !

LE RIDEAU DE MA VOISINE.

IMITÉ DE GOETHE.

Le rideau de ma voisine
Se soulève lentement.
Elle va, je l'imagine,
    Prendre l'air un moment.

On entr'ouvre la fenêtre :
Je sens mon cœur palpiter.
Elle veut savoir peut-être
    Si je suis à guetter.

Mais, hélas! ce n'est qu'un rêve;
Ma voisine aime un lourdaud,
Et c'est le vent qui soulève
    Le coin de son rideau.

SOUVENIR DES ALPES.

Fatigué, brisé, vaincu par l'ennui,
Marchait le voyageur dans la plaine altérée,
Et du sable brûlant la poussière dorée
    Voltigeait devant lui.

Devant la pauvre hôtellerie,
Sous un vieux pont, dans un site écarté,
    Un flot de cristal argenté
    Caressait la rive fleurie.

Deux oisillons, dans un pin d'Italie,
En sautillant s'envoyaient tour à tour
Leur chansonnette ailée, où la mélancolie
    Jasait avec l'amour.

Pendant qu'une mule rétive
Piétinait sous le pampre où rit le dieu joufflu,
    Sans toucher aux fleurs de la rive,
Le voyageur monta sur le pont vermoulu.

Là, le cœur plein d'un triste et doux mystère,
　　Il s'arrêta silencieux,
　　Le front incliné vers la terre ;
L'ardent soleil séchait les larmes de ses yeux.

　　Aveugle, inconstante, ô fortune !
　　Supplice enivrant des amours !
　　Ote-moi, mémoire importune,
　　Ote-moi ces yeux que je vois toujours !

　　Pourquoi, dans leur beauté suprême,
　　Pourquoi les ai-je vus briller ?
　　Tu ne veux plus que je les aime,
　　Toi qui me défends d'oublier !

Comme après la douleur, comme après la tempête,
L'homme supplie encore et regarde le ciel,
　　Le voyageur, levant la tête,
Vit les Alpes debout dans leur calme éternel,

　　Et, devant lui, le sommet du Mont-Rose,
Où la neige et l'azur se disputaient gaîment.
　　Si parmi nous tu descends un moment,
C'est là, blanche Diane, où ton beau pied se pose.

Les chasseurs de chamois en savent quelque chose,
　　Lorsque, sans peur, mais non pas sans danger,
A travers la prairie au matin fraîche éclose,
On les voit, l'arme au poing, dans ces pics s'engager.

Pendant que le soleil, paisible et fort à l'aise,
Brûle, sans la dorer, la cité milanaise,
Et dans cet horizon, plein de grâce et d'ennui,
S'endort de lassitude à force d'avoir lui,

La montagne se montre : — à vos pieds est l'abîme ;
L'avalanche au-dessus. — Ne vous effrayez pas ;
Prenez garde au mulet qui peut faire un faux pas.
L'œil perçant du chamois suspendu sur la cime,
Vous voyant trébucher, s'en moquerait tout bas.

Un ravin tortueux conduit à la montagne.
Le voyageur pensif prit ce sentier perdu ;
Puis il se retourna. — La plaine et la campagne,
    Tout avait disparu.

Le spectre du glacier, dans sa pourpre pâlie,
    Derrière lui s'était dressé ;
Les chansons et les pleurs et la belle Italie
    Devenaient déjà le passé

Un aigle noir, planant sur la sombre verdure
Et regardant au loin, tout chargé de souci,
Semblait dire au désert : Quelle est la créature
    Qui vient ici !

    Byron, dans sa tristesse altière,
Disait un jour, passant par ce pays :
« Quand je vois aux sapins cet air de cimetière,
    Cela ressemble à mes amis. »

Ils sont pourtant beaux, ces pins foudroyés,
    Byron, dans ce désert immense ;
Quand leurs rameaux morts craquaient sous tes piés,
    Ton cœur entendait leur silence.

Peut-être en savent-ils autant et plus que nous,
Ces vieux êtres muets attachés à la terre,
Qui, sur le sein fécond de la commune mère,
Dorment dans un repos si superbe et si doux

    1851.

CANTATE DE BETTINE[1].

BETTINE.

Nina, ton sourire,
Ta voix qui soupire,
Tes yeux qui font dire
Qu'on croit au bonheur, —

Ces belles années,
Ces douces journées,
Ces roses fanées,
Mortes sur ton cœur...

STEINBERG.

Nina, ma charmante,
Pendant la tourmente,
La mer écumante
Grondait à nos yeux ;

---

1. Voir, dans le recueil des comédies de l'auteur, la pièce intitulée *Bettine*.

Riante et fertile,
La plage tranquille
Nous montrait l'asile
Qu'appelaient nos vœux!

ENSEMBLE.

Aimable Italie,
Sagesse ou folie,
Jamais, jamais ne t'oublie
Qui t'a vue un jour!
Toujours plus chérie,
Ta rive fleurie
Toujours sera la patrie
Que cherche l'amour.

1851.

COMPLAINTE DE MINUCCIO[1]

Va dire, Amour, ce qui cause ma peine,
A mon seigneur, que je m'en vais mourir,
Et, par pitié, venant me secourir,
Qu'il m'eût rendu la mort moins inhumaine

A deux genoux je demande merci.
Par grâce, Amour, va-t'en vers sa demeure.
Dis-lui comment je prie et pleure ici,
Tant et si bien qu'il faudra que je meure
Tout enflammée, et ne sachant point l'heure
Où finira mon adoré souci.

La mort m'attend, et s'il ne me relève
De ce tombeau prêt à me recevoir,
J'y vais dormir, emportant mon doux rêve;
Hélas! Amour, fais-lui mon mal savoir

Depuis le jour où, le voyant vainqueur,
D'être amoureuse, Amour, tu m'as forcée,

---

1. Voir, dans le recueil des comédies de l'auteur, la pièce intitulée *Carmosine*.

Fût-ce un instant, je n'ai pas eu le cœur
De lui montrer ma craintive pensée,
Dont je me sens à tel point oppressée,
Mourant ainsi, que la mort me fait peur.
Qui sait pourtant, sur mon pâle visage,
Si ma douleur lui déplairait à voir ?
De l'avouer je n'ai pas le courage.
Hélas ! Amour, fais-lui mon mal savoir.

Puis donc, Amour, que tu n'as pas voulu
A ma tristesse accorder cette joie,
Que dans mon cœur mon doux seigneur ait lu,
Ni vu les pleurs où mon chagrin se noie,
Dis-lui, du moins, et tâche qu'il le croie,
Que je vivrais si je ne l'avais vu.
Dis-lui qu'un jour une Sicilienne
Le vit combattre et faire son devoir.
Dans son pays, dis-lui qu'il s'en souvienne,
Et que j'en meurs, faisant mon mal savoir

1852.

SONNET AU LECTEUR.

Jusqu'à présent, lecteur, suivant l'antique usage,
Je te disais bonjour à la première page.
Mon livre, cette fois, se ferme moins gaîment ;
En vérité, ce siècle est un mauvais moment.

Tout s'en va, les plaisirs et les mœurs d'un autre âge,
Les rois, les dieux vaincus, le hasard triomphant,
Rosalinde et Suzon qui me trouvent trop sage,
Lamartine vieilli qui me traite en enfant.

La politique, hélas ! voilà notre misère.
Mes meilleurs ennemis me conseillent d'en faire.
Être rouge ce soir, blanc demain ; ma foi, non.

Je veux, quand on m'a lu, qu'on puisse me relire.
Si deux noms, par hasard, s'embrouillent sur ma lyre,
Ce ne sera jamais que Ninette ou Ninon.

TABLE

	Pages.
Rolla.	3
Chanson. *A Saint-Blaise, à la Zuecca*	33
Une Bonne fortune	34
Lucie	49
A Madame ***.	53
La Nuit de mai.	55
La Loi sur la presse	63
La Nuit de décembre	75
Lettre a Lamartine	84
La Nuit d'aout.	95
A la Malibran.	101
Chanson de Barberine.	111
Chanson de Fortunio.	112
Au Roi. Après l'attentat de Meunier.	114
A Sainte-Beuve. Sur un passage d'un article inséré dans la *Revue des Deux Mondes*	115
A Lydie. Traduit d'Horace (Ode IX, livre III)	116
A Lydie. Imitation	118
A Ninon.	120
La Nuit d'octobre.	123

	Pages.
L'Espoir en Dieu.	136
A la Mi-Carême.	146
A une Fleur.	151
Le Fils du Titien. Sonnet.	154
Sonnet. *Béatrix Donato fut le doux nom de celle.*	155
Dupont et Durand. Dialogue.	156
A Alfred Tattet. Sonnet.	167
Sur la Naissance du comte de Paris.	168
A Mademoiselle ***.	173
Jamais.	175
Impromptu en réponse a cette question: *Qu'est-ce que la poésie?*	176
Idylle	177
Adieu.	184
Silvia. A Madame ***.	186
Sur les Débuts de mesdemoiselles Rachel et Pauline Garcia.	199
Chanson. *Lorsque la coquette Espérance.*	201
Tristesse.	202
Une Soirée perdue.	203
Simone. Conte imité de Boccace.	207
Souvenir.	220
Le Rhin allemand, par Becker. Traduction.	228
Le Rhin allemand. Réponse à la chanson de Becker.	230
Sur la Paresse. A M. Buloz.	232
Marie. Sonnet.	240
Rappelle-toi. Paroles faites sur la musique de Mozart	241
Rondeau. *Fut-il jamais douceur de cœur pareille.*	243
A Madame G***. Sonnet.	244
A Madame G***. Rondeau.	245
Sur une Morte.	246
Après une Lecture.	248
A Madame M***. Sonnet.	256

TABLE.

	Pages
A M. Victor Hugo. Sonnet.	257
Sonnet a Madame N. Ménessier.	258
A la même. Sonnet.	259
A la même. Sonnet.	260
A M. Alfred Tattet. Sonnet	261
Le Treize Juillet. Stances	262
Stances de M. Ch. Nodier a M. A. de Musset.	273
Réponse a M. Charles Nodier.	276
Le mie prigioni.	282
A mon Frère revenant d'Italie	289
Adieu, Suzon! Chanson	298
Conseils a une Parisienne.	300
Mimi Pinson. Chanson.	304
Par un mauvais temps.	307
A Madame C^{ne} T. Rondeau.	309
Sur trois marches de marbre rose.	310
A Mademoiselle Anaïs. Rondeau.	318
Sonnet. *Se voir le plus possible et s'aimer seulement.*	319
Chanson. *Quand on perd, par triste occurrence.*	320
A M. Régnier, de la Comédie-Française, après la mort de sa fille	321
A Madame O*** qui avait fait des dessins pour les Nouvelles de l'auteur	322
Le Rideau de ma voisine. Imité de Gœthe	323
Souvenir des Alpes.	324
Cantate de Bettine.	328
Complainte de Minuccio.	330
Sonnet au Lecteur.	332

IMPRIMÉ

PAR J. CLAYE

POUR

ALPH. LEMERRE, ÉDITEUR

A PARIS

ŒUVRES COMPLÈTES
DE
ALFRED DE MUSSET
10 volumes petit in-12. — Prix : 60 fr.

POÉSIES (1828-1833). Contes d'Espagne et d'Italie. — Poésies diverses. — Spectacle dans un fauteuil. — Namouna. 1 vol. 6

POÉSIES (1833-1852). Rolla. — Les Nuits. — Poésies nouvelles. — Contes en vers. 1 vol. . . . 6 f

COMÉDIES ET PROVERBES (1re série). — La Nuit vénitienne. — André del Sarto. — Les Caprices de Marianne. — Fantasio. — On ne badine pas avec l'amour. — Barberine. — 1 vol. 6 f

COMÉDIES ET PROVERBES (2e série). Lorenzaccio. — Le Chandelier. — Il ne faut jurer de rien. 1 vol. . . . . 6 f

COMÉDIES ET PROVERBES (3e série). Un Caprice. — Il faut qu'une porte soit ouverte ou fermée. — Louison. — On ne saurait penser à tout. — Bettine. — Carmosine. 1 vol. 6

LA CONFESSION D'UN ENFANT DU SIÈCLE. 1 vol. 6

NOUVELLES. Les Deux Maîtresses. — Emmeline. — Le Fils du Titien. — Frédéric et Bernerette. — Croisilles. — Margot. 1 vol. 6

CONTES. La Mouche. — Pierre et Camille. — Mlle Mimi. — Le Secret de Javotte. — Le Merle blanc. — Lettres sur la littérature. 1 vol. 6

MÉLANGES DE LITTÉRATURE ET DE CRITIQUE. L'Art moderne. — Salon de 1836. — De la Tragédie. — Mlle Pauline Garcia. — Le Tableau d'église. — Faire sans dire. — Revue fantastique. — Discours de réception à l'Académie. 1 vol. 6

ŒUVRES POSTHUMES. Poésies diverses. — Un Souper chez Mlle Rachel. — Faustine. — L'Ane et le Ruisseau. — Lettres. 1 vol. 6

www.ingramcontent.com/pod-product-compliance
Lightning Source LLC
Chambersburg PA
CBHW060505170426
43199CB00011B/1339